留学中の滝沢克己（右）。左はドイツでの友人カール・ケスラー（Karl Keßler）氏。1935 年 1 月 2 日、ヴィスバーデンの公園アルブレヒト - デューラー - グラウンドにて。散歩中とみられる。——以上、写真と情報はケスラー氏の孫でハンブルク在住のグンナー・プトラッツ（Gunnar Pudlatz）氏の提供（2017 年）。氏からはケスラー氏が後年夫妻で山口の滝沢宅を訪問した時の写真も提供されている。

今を生きる滝沢克己

TAKIZAWA, Katsumi

生誕110周年記念論集

滝沢克己協会［編］

新教出版社

装丁　桂川　潤

緒　言

水田　信

滝沢克己先生の生誕一一〇年の記念論集の刊行にあたり、「いつしか先生の没後三五年の歳月が経ったか」という感慨をおぼえる。その間、残された我々は、生前の滝沢克己を知らない者も含めて、それぞれ師の遺業に触れながら滝沢思想の解明・継承に携わってきた。各人の思索の軌跡は、本書でも知られる如く、多岐にわたって変遷・発展している。先生自身の視野が、やがて「純粋神人学」の構想へと収斂していくべく、早くから広範囲に開かれていたことを思えば、それは当然のことである。しかし、先生においてそのことが可能であったのは、ひとえに、その思惟の焦点が確固として定まっていたからである。今在る者がこの一点を疎かにするならば、発展と見えるものは単なる拡散に堕するほかないであろう。後続の学徒の最も注意すべき点として銘記しておきたい。

先生のほぼ半世紀にわたる著作活動を辿る時、その諸作品に著者の年齢や時代の姿・風潮等を感じつつも、改めてその真摯な思惟の深さ・精密さ・厳格さを思うのである。時代の波のうねりがその激しさを増す中で、我々は互いに励ましあいながら、滝沢思想を指針として、またその中核に迫るべく、思索と実践に向かっての研鑽に励みたいと思う。その為の対話・討論の必要性を強く感じているが、その機会と場とを提供することが、滝沢克己協会の大切な務めであろう。本書がその一つの機会として少しでも役立てばと願っている。

二〇一九年二月

目次

緒言……水田　信　3

I

1　滝沢克己のヒューマニズム哲学……白井雅人　10

2　公共哲学の視点から……稲垣久和　27

3　滝沢神学と天皇制……内藤　酬　44
――イエスと天皇――

4　労働の二重性から人間存在の二重性へ……鈴木一典　60

II

5　〈究極の真理〉を求めて……前川　博　82
——悟りとは何か——
6　滝沢克己と内村鑑三……小林孝吉　103
——〈今〉を生きる希望と信仰——
7　滝沢克己と聖書……水田　信　117
8　滝沢克己の洗礼に対する再考察……金　珍熙　133

III

9　滝沢思想からの学び
――残された課題――　堀内隆治　152

10　滝沢哲学において物とは　森松睦雄　167

11　ハイデッガーと滝沢克己
――人間存在の絶対的受動性について――　芝田豊彦　184

12　滝沢哲学から「意味なき生」を考える
――「ただの人」の今日的意義にかんする研究ノート――　吉岡剛彦　200

13　〝原点〟のコンティンジェンシー　丹波博紀　217

Ⅳ

14　手に余りながら付き合いは続く……最首　悟　240
15　読解の座標を求めて……佐川愛子　254
16　今あらためて考えること……植村光一　269
あとがきに代えて……前田　保　283
滝沢克己略年譜……287
滝沢克己著作年譜……290
執筆者一覧……293

I

1　滝沢克己のヒューマニズム哲学

白井雅人

はじめに

滝沢克己が「人間学」ではなく、「神人学」を構想していたことは、彼の絶筆となった論文が「神学と人間学——一つの矛盾か——純粋神人学草稿」であったことからもうかがい知ることができるだろう（坂口［一九八八：三〇八］）。人間を神と切り離して論じてしまうならば、それは人間の大事な核の部分を見落としていることになる、というのが滝沢の確信であった。そのため、「滝沢克己のヒューマニズム哲学」すなわち「滝沢克己の人間主義」を論じることは、滝沢の確信から外れてしまう危険性があると思われるかもしれない。しかし、ヒューマニズムの立場を、滝沢のように神と切り離さずに考えることが、むしろ現代においても重要な意義をもつのではないか。神と切り離した人間を中心に据えることによって問題が生じているのではないか。そのような問題意識に基づき、滝沢克己の哲学を、あえて「ヒューマニズム哲学」として読み解くことは可能であろう。

滝沢克己が「二つのヒューマニズムと今日の日本」という講演を行ったのは、一九五一年秋のことであった（六：一一五）。しかし、滝沢の指摘が人間の存在の核を言い当てているとするならば、この講演の指摘は未だに重要な指摘として有効なものであることになる。そのため、「二つのヒューマニズムと今日の日本」を中心にして滝沢克己のヒューマニズム哲学を読み解き、現代の諸問題と関連付けながら論じていくことにしたい。

一　人は何によって尊いのか

滝沢は講演を、人間の尊厳の由来を考えることから始める。まず滝沢は「単に外的・偶然に個人に属するものによって」尊いという立場を検討する（六：一一八―一一九）。これは、健康や年齢、財産や権力、学歴などによって人間が尊いという立場のことである。この立場は、劣等感（inferiority complex）や、その原因となる優越感（superiority complex）を刺激し、社会の成員同士の対立を深める結果となる。

次に滝沢は、「個人の属する何らかの集団によって」尊いという立場を検討する（六：一一九）。これは、国家、政党、教団などの集団に属することによって、個人の尊厳が生まれるという立場である。この立場では集団が絶対化されることによって、人と人との対話の道が閉ざされることになる。この集団においても、優越感＝劣等感が形を変えて支配しており、むしろこのような感情が集団として集中的に働いているために、最初の場合よりもより一層の危険があるとされる。現在もマイノリティ集団へのヘイトクライムなどが起こっていることを鑑みれば、滝沢の警告が正しかったことは明らかであろう。

第三に、滝沢は「内的・精神的に人間に属する何らかの能力によって」人間の尊厳が与えられるという立場を検討する。これは、「広くかつ詳しい学識、繊細な芸術的感覚、幼児《おさなご》のような浄らかさ、毅然とした道徳的風格、他人のための献身的な奉仕、それを導く堅い信仰と深い愛情など」（六：一二〇）といった、人間の能力や成果の中に人間の尊厳を見出す立場である。滝沢はこれらに人間を感動させる要素があることを認める。しかし、ここに尊厳を見出すことの危険性が同時に指摘される。滝沢は「不信仰な人、利己的な人、心の弱い人、平凡な趣味と愚鈍な頭脳しか有たない者、まして極悪の犯罪人などについて、「人間の尊厳」を云々するのは、全然無意味といわないまでも、少なくとも或る程度無意味だということになりましょう。それどころか、場合によるとそれは、公序良俗に反するとか、はなはだしい危険思想だとかいうことにさえなりかねません」（六：一二〇）と述べ、能力に尊厳を見出す立場の問題を指摘する。さらに、そもそも自分自身について、利己的な人、心の弱い人、平凡な人、といった人ではないと胸を張っている言える人間がどれだけいるのか、と滝沢は問う（六：一二〇）。もちろん、ほとんどの人は、自分はそのような人ではないと、何の後ろめたさを感じずに答えることはできないだろう。さらに、そのように公言できたとしても、それがゆがんだ優越感の産物でしかないこともあるだろう（六：一二〇）。逆に、優れた資質や業績を褒め称える人々も、それが劣等感の反映ではないという保証もない（六：一二〇―一二一）。こうして、能力に人間の尊厳を見出す立場は批判されるべきものとされるのである。

このような能力主義に対する問題点について、障害者の生存権が脅かされるという点を付け加えることができる。能力主義によって行われる障害者排除の例について具体的に見ていくことにしよう。

第一の例は、一九七〇年五月、横浜市の主婦が脳性マヒの我が子をエプロンの紐で絞殺した事件の例である。(1) この事件が報道されると、障害児を持つ父母の会などによる減刑嘆願の署名運動、行政当局による施設整備の不備に対する抗議運動などが巻き起こった。

これらの運動に対して一石を投じたのが、自身も脳性マヒ者である横塚晃一に率いられた日本脳性マヒ者協会神奈川県連合会（通称「神奈川青い芝の会」）の意見書であった。この意見書は以下のようなものであった。

現在多くの障害者の中にあって脳性マヒ者はその重いハンディキャップの故に採算ベースにのらないとされ、殆んどが生産活動に携れない状態にあります。このことは生産第一主義の現社会においては、脳性マヒ者はともすれば社会の片隅におかれ人権を無視されひいては人命迄もおろそかにされることになりがちです。このような働かざる者人に非ずという社会風潮の中では私達脳性マヒ者は「本来あってはならない存在」として位置づけられるのです。

（……）本事件の原因を施設が足りないこと、福祉政策の貧困に帰してしまうことは簡単です。しかしそのことによって被告の罪が消えるならば、即ち本裁判においてもしも無罪の判決が下されるならば、その判例によって重症児（者）の人命軽視の風潮をますます助長し脳性マヒ者をいよいよこの世にあってはならない存在に追い込むことになると思われます。（横塚［二〇〇七：九四―九五］）

実際に、この事件の前に起こった重症者の子供の殺害事件においては、無罪判決が出されていた（横塚［二〇〇七：四〇］）。脳性マヒの子供を殺しても殺人罪にならない状況では、彼らの人命は軽視されていると言わざるを得ず、脳性マヒ者を「あってはならない存在」に追い込むことになる。そしてそのように追い込むのは、脳性マヒ者を「働く能力がない存在」と見なし、人間扱いしない能力主義なのである。(2) 能力に人間の尊厳を見出す能力主義は、このように働く能力を持たない障害者の生存権を脅かすものとなってしまうのである。

この事件は一九七〇年のことであり、五〇年近く経った現代においてはこのような考え方がなくなったと考えられるかもしれない。しかし能力主義は未だに根強く、障害者の生存を脅かしている。二〇一六年に起こった障害者施設での殺害事件について見ていくことにしよう。

二〇一六年七月二六日、相模原市の障害者支援施設「津久井やまゆり園」に施設の元職員である男が侵入し、多数の入所者等を刃物で刺し、一九人が死亡、二七人が負傷するという事件が発生した（相模原市の障害者支援施設における事件の検証及び再発防止策検討チーム［二〇一六A：二］）。容疑者は、事件前から「僕もしゃべれる障害者は好きだし、面白いこと言うなとか思うんですけど。しゃべれない人は…存在しちゃいけない」と述べたり、「障害の重い人は死んだ方がよい」と考え、

「誰かがやるしかないなら、自己犠牲を払って自分がやるしかないと思ったんです。みんなも本当はそう思ってるけどやれない」と述べたりしていた（相模原市の障害者支援施設における事件の検証及び再発防止策検討チーム［二〇一六A：三四］）。この事件においても、「喋る能力」によって存在すべきかどうかの線引きが行われ、能力のないものは死んだ方がよいとされたのである。

この事件の検討チームは、「今回の事件は、障害者への一方的かつ身勝手な偏見や差別意識が背景となって、引き起こされたものと考えられる。こうした偏見や差別意識を社会から払拭し、一人ひとりの命の重さは障害のあるなしによって少しも変わることはない、という当たり前の価値観を社会全体で共有することが何よりも重要である」（相模原市の障害者支援施設における事件の検証及び再発防止策検討チーム［二〇一六B：三二］）と結論付けている。すなわち、社会における障害者への差別意識が未だに根強く残っており、この差別意識が事件の背景となったのである。能力主義による差別意識によって、無能力とされた障害者の命が奪われてしまったのである。

以上の二つの例から、能力に人間の尊厳を見出す立場の危険性は明らかであろう。そしてその危険性は、未だに現代社会において根強く残っているのである。

二　人が人として事実存在するというそのことによって尊い

では人間の尊厳は、いったいどこにあると言うのか。滝沢は以下のように述べる。

人間が尊いのは、ほかのいかなる理由によるのでもない、ただ人が人として事実存在するというそのことによる、わたくしがわたくしとして、あなたがあなたとして、実際に存在するという事実そのもののなかに、ただそのことのなかにのみ、人間の尊厳が宿っているのだ。（六：一二三）

人間が尊厳をもつのは、何かもっていたり、何かに属していたり、何かができるからではない。そうではなく、ただ人として事実存在するという事実によって尊厳をもつのである。だが、何を根拠に滝沢はそこに人間の尊厳を見出すのだろうか。

人間が事実存在するということが尊いということに対して、滝沢は「それは最も極端な人間の傲慢ではないか」、「人間の善悪とか人間に対する賞罰とかいうことには何の意味もないのか」、といった反論を想定する（六：一二三）この反論のうち前者は、人間は信仰や実践理性の行使によって善くなるのであって、存在するだけでは悪の立場を免れないというものである。後者は、人間は存在するだけでは何の意味もなく、その善行や悪行で人間を評価すべきというものである。しかし滝沢はそのように考えるのは、「派生的なものを土台として、抽象的・孤立的に、人間の自己というものを考えている」（六：一二四）からだと述べる。人間が存在するということを抽象的に「ただ存在すること」と考え、働きや成果といった派生的なもので評価しようとしているからこそ、事実存在するだけで尊いという考え方に対して反論するのである。

人間が事実存在するということは、単に孤立的に抽象的に「ただ存在する」ということではない。

滝沢はデカルトを引き合いに出して、事実存在することの内実を説明する。「デカルトが〝Cogito, ergo sum〟（「わたくしは思う、だからわたくしは事実存在する」）といったように、事実存在するということはすなわち考えるもの、自由に意志するものとしてあるということ」（六：一二四）なのである。

ただし、考えるもの、自由に意志するものであるということについて、滝沢は「けっしてわたくしの考えではなく、またわたくしの考えによって生じたものもない、事実存在するか存在しないかが人間自身の自由な考えや行為によって決まるのではない」（六：一二四）と注意を促す。事実存在することが先行しており、それによって考えることや意志することが可能になるのである。

また、滝沢は「人間にとって、考えることも考えないことも、意志することも意志しないことも自由だという意味」ではない（六：一二五）とも注意する。考えるもの、自由に意志するものであるということは、自分で選び取ったことではなく、事実として既にそのように定められているのである。滝沢によれば、「人間が存在するというのは、実際上取りも直さずそれ自身の存在ないし活動の条件をみずから選ぶべく定められている」（六：一二六）のである。

このような定めは、人間が自ら選び取ったもの、人間の選択では決してない。「われわれ人間にとってそれは、文字どおり無条件に与えられる絶対的な賜物として——昔からの適切な言葉でかんたんに申しますと、まさに神の賜物として——ただ感謝してこれを受けとるほかないもの、受けとるというよりもむしろただこれを受けて日々に新しく働くほかない、原始的でしかも終局的な使命」（六：一三二）なのである。人間が考えること、自由に意志することは、定められたものであり、神の賜物としての使命なのである。それ故、「わたくしどもは、正しい人、誤った人、善い人、悪い人、信仰ある人、不信なる人、男の人、女の人、導く人、導かれる人、生きた人、死んだ人等々である前に、まずこのように、真実の物の世界のただなかに、その真実を体現するべく事実的に設定せられた人間として、すでにそれ自身、無条件に貴重」(六：一三一)であると言われるのである。すなわち、考えるもの、自由に意志するものとして定められたものが、定めを生きることによって定められたあり方を体現しているという点で、既に無条件に貴重なのである。

人間が事実存在すること、そこに尊厳を見出すのは、「考え、自由意志するもの」としての定めを、事実存在することを通して体現しているからなのである。ただしここで大事なことは、人間の考える能力によって尊厳があるということではないという点である。もしそうならば、結局のところ能力主義に還元されることになる。人間が事実生きているということ、ただそれだけで考えること、自由に意志していることが体現されているのであり、どれだけ考える能力があるのか、どれだけ自由に意志しているように見なせるのかということで評価しているわけではないのである。

この点について、滝沢は特殊学級の子供たちについて語っている短いエッセーの中で明確に述べている。滝沢はまず、特殊学級を受けもっている北村先生の体験談を紹介する。

あるとき、時計も読めず初歩の算数さえできない男の子が入学してきた。先生は困って、「施設」か「養護学校」に入れようと奔走してみたがダメ、親も引き取ってくれない。仕方なく、受け容れる決心をした。ところが、そう決意した途端に、先生にはその子が、何かそれま

> でとは違ったものに見えてきた。そうして日の経つにつれていよいよはっきりと、その子がちっとも、世間でいう「特殊」な子供などでないことが分かってきた。（滝沢［一九七五：一一二］）

滝沢は、先生にとって子供が「特殊」な子供でなくなったのは、先生の決意を通してであることを認める。しかし、この決意や先生の努力によって「ふつうの子供」になったわけではないと注意を促す。「むしろ、その子がもともと、他の子供たちと根本的には少しも変らぬ一人の子供として生まれてきているから、そして日々新しくそうであるから、先生の決意と毎日の努力が、その子自身のなかにあのように自発的な、歓ばしい反響を呼び起こしえたのであろう。それまではただ、算数や何かが型のごとく「できる」とか「できない」とかということに眼を奪われて、何か特殊な事が「できる」というそのことの、いちばんもとにある子供たちの生命《いのち》の事実を、まるで見逃していたというだけなのだ」（滝沢［一九七五：一一三］）。

すなわち、当初は「できる」とか「できない」という能力の問題に振り回されて、その能力のもとにある生命の事実、すなわち事実存在することですでに尊い生命であるという事実を見逃していたのである。その後、先生の決意と努力によって、決してその子が「特殊」ではなく、同じように定められた命を生きるものであったことを、先生が気付くことができたのである。[3]

この事例から、滝沢が「どのくらい考える能力があるのか」、「自由に意志しているようにみえるのか」という点で人間の尊厳を考えていなかったということが明らかであろう。能力に関係なく、人が人として生きているという事実、そこに「考えていること、自由に意志すること」としての使命を体現する姿を見出しているのである。

三　審くものと審かれるもの

以上のような滝沢のヒューマニズム哲学から、どのような実践が導かれるのであろうか。実践の問題に関して、「現代道徳教育の問題点」という論文をもとに考察していきたい。この論文で滝沢は、人間の根源的なありかたを、「わたしたち人間が、いかに他の動物と異なって創造的・生産的な主体だといっても、元来一個有限の物にすぎない、いわば事実存在する物それじたいに宿るロゴス（真理）によって審かれる一個の客体としてしか、みずから物をさばく主体でありえない」（八：四〇一）とまとめる。「物をさばく」とは、人間が主体性を発揮して、新たな物を作り出し、物の形を定めることができるということである。しかしその主体性の根源は、自由であるように定められたという真理に由来しており、我々が主体的に作り出したものではあり得ない。主体性の根源に対して、我々は主体ではなく、そのように定められた一個の客体に過ぎないのである。

実践することの難しさが、この根源的なありかたから生じてくる。人間の実践は、「さばく主体の活動であるよりもむしろまず、さばかれる対象の活動」であり、「自己批判的・相互批判的」でなければならない（八：四〇二）。しかし、実践活動が軌道に乗ってくると、いつの間にか審かれる一個の客体であることが忘却されるようになってしまう。「人の行いとしての身のさばきと、このさばきがいわばその眼に見えぬ圧力に乗って躍り出るところの、人ではない物そのものの道理のさばきと、この二つの方向の不可逆的な区別が見失われ」、道理のさばきに基づいて人の身のさばきが可能になるにもかかわらず、「あたかもその反対でなくてはならないかのような錯覚が起ってくる」のである（八：四〇三）。実践を繰り返す中で、物の真理と自己の行為が一致してくる。この一致が繰り返されることによって、あたかも自己の行為だけで自足できるように考えるようになってしまう。我々は、さばかれる客体であるという根源的な事実を忘れ、あたかもすべてをさばくことのできる主体であると考えるようになってしまうのである。別の言葉で言えば、「自分の言葉、自分の意志のとおりに、実在の世界が成るのでなければ、人間の自由は空しくなりでもするかのようにうぬぼれてしまう」（八：四〇八）のである。

根源的な場所で我々が客体であり、主体ではないということはどのような事態であろうか。ダルクという団体における薬物依存からの回復の問題を例にとって考えてみたい。ダルクは一九八五年に創設された、薬物依存からの「回復」のためのリハビリテーションを行う民間施設であり、二〇一六年九月時点において、全国に五九の運営団体、一二〇か所の施設が存在する。ほとんどのダルクには医者や看護師がおらず、参加者やスタッフも薬物依存者であるというセルフケアグループである（相良［二〇一七：一三七］）。ダルクは、以下の一二のステップを踏むことによって、回復を目指している。

1　私達はアディクションに対して無力であり、生きていくことがどうにもならなくなったことを認めた。

2 私達は自分より偉大な力が、私達を正気に戻してくれると信じるようになった。

3 私達の意志と生命の方向を変え、自分で理解している神、ハイヤーパワーの配慮にゆだねる決心をした。

4 探し求め、恐れることなく、生きてきたことの棚卸表を作った。

5 神に対し、自分自身に対し、もう一人の人間に対し、自分の誤りの正確な本質を認めた。

6 これらの性格上の欠点をすべて取り除くことを、神にゆだねる心の準備が完全にできた。

7 自分の短所を変えて下さい、と謙虚に神に求めた。

8 われわれが傷つけたすべての人の表を作り、そのすべての人たちに埋め合わせをする気持ちになった。

9 その人たち、または他の人びとを傷つけないかぎり、機会あるたびに直接埋め合わせをした。

10 自分の生き方の棚卸を実行し続け、誤った時は直ちに認めた。

11 自分で理解している神との意識的触れ合いを深めるために、神の意志を知り、それだけを行っていく力を祈りと黙想によって求めた。

12 これらのステップを経た結果、霊的に目覚め、この話を他の人達に伝え、またあらゆることに、この原理を実践する様に努力した。（相良［二〇一七：一五四］）

これらの一二のステップに特徴的なのは、自分の力だけでは回復できないという洞察である。自力で回復しようという自己の主体性を頼みにしていては、薬物依存から脱却するのは難しい。むしろ、この主体性を手放して自らを神に委ねることによって、はじめて回復のステップを踏むことができるのである。自分が薬物をコントロールし、差配するという主体的な立場では真の意味での回復の道が開かれない。むしろ神によって動かされる客体であることを自覚することによって、回復へと進むことができるようになるのである。

滝沢が語る実践も、「人間各自が、かれにとって「絶対不可欠な唯一のもの」とのあいだの太初からある神聖なかかわりによってあらかじめさだめられた道にそうて、そのつど不可欠な歩みを、相ともに進めるか否か」（八：四一四―四一五）に関わるものであった。人間の偉大さやその実践も、定められた道を神と共に歩めるかどうか、この一点にかかっているのである。

おわりに

滝沢克己の哲学を「ヒューマニズム哲学」として、現代の諸問題と関連付けながら論じた。第一節では、人間の尊厳を、何をもっているか、何に属しているか、何ができるか、という点に見出すことの問題点を指摘した。とりわけ現代における障害者差別の問題と関連付けて、人間の能力に尊厳を見出す立場の危険性を明らかにした。第二節では、人として事実存在するということ、そのことにのみ人間の尊厳が見出せるのだという滝沢の立場を論じた。それは、抽象的に「ただ存在しているだけ」ということを意味しない。考えるもの、自由に意志するものとして、尊厳がある。ただし、意志する能力、考える能力に尊厳があるのではなく、そのようなものとして定められていることのうちに尊厳が存するのであった。どのような障害をもっていたとしても、生きている限り尊いということを、滝沢の「特殊学級」への言及をもとに明らかにした。第三節では、実践の問題を論じ、定められた客体であるという根源的事実を忘却し、自らがすべてを差配する主体であると考えてしまうことが、実践の難しさの理由であると論じた。ダルクという施設の薬物依存の回復のプロセスを参照することによって、この主体性の立場では真の意味での実践が難しいということ、客体として定められた道を神と共に歩むことによって実践が可能になることを明らかにした。

滝沢のヒューマニズム哲学が人間の核心をついている限り、どれほど時代を経たとしても、その意義が薄れることはない。ここで論じたように、現代における諸問題においても、滝沢のヒューマニズム哲学は確かな意義をもっているのである。

凡例

(1) 滝沢克己著作集からの引用は、飯島宗享他編『滝沢克己著作集』(法蔵館、一九七二―一九七四年)より、(巻数:頁数)の順に掲げる。

(2) その他の引用は、滝沢克己著作集以後に発刊された滝沢の著作を含め、本文及び注において、著者名［出版年：頁数］のように記した。当該の文献は文献表によって知ることができる。

（3）引用文中で省略する場合は、（……）と表記した。また引用文中での傍点とルビはすべて原文のものである。

注

（1）この事件の経過については、横塚［二〇〇七：三八―三九］および横塚［二〇〇七：九四―一〇五］に依拠した。

（2）障害者による「殺される立場から」の異議申し立ては、社会的な反響を呼び、青い芝の会に対して協力を申し込む人が多数現れ、新聞や雑誌、NHKテレビ「現代の映像」にも取り上げられることになった。このように注目を浴びることとなった裁判は、懲役二年執行猶予三年の有罪判決で終結した。当時の刑法では殺人罪は最低懲役三年とされていたにもかかわらず、検察が懲役二年を求刑し、約一か月で結審するというスピード裁判であった。そのため、横塚は「最初から元値を切った大安売りであり（……）検察側と弁護側がそれぞれの立場を主張し激しく切り結ぶなどということは全くみられず、障害者或は障害児を持つ家庭がおかれている社会的状況、つまりこの事件の持つ社会的位置づけというものが浮き彫りにされるということは幻想に帰してしまった」（横塚［二〇〇七：三九］）と不満を述べている。

（3）ここから滝沢は「特殊学級」という設定そのものへの批判も行う（滝沢［一九七五：一一三―一一四］）。

文献表

相模原市の障害者支援施設における事件の検証及び再発防止策検討チーム「中間とりまとめ」（厚生労働省、二〇一六年A）
相模原市の障害者支援施設における事件の検証及び再発防止策検討チーム「報告書～再発防止策の提言～」（厚生労働省、二〇一六年B）
相良翔「ダルクヴェテランスタッフの「回復」――ヴェテランスタッフへのインタヴューからの考察――」（『駒澤社会学研究』四九号、駒澤大学文学部社会学科、二〇一七年）
坂口博「解題」（滝沢克己『純粋神人学序説――物と人と』、法蔵館、一九八八年）
滝沢克己『わが思索と闘争』（三一書房、一九七五年）
横塚晃一『母よ！　殺すな』（生活書院、二〇〇七年）

2　公共哲学の視点から

稲垣久和

1　「インマヌエルの原事実」の現在

あなたがたは世の光である。山の上にある町は、隠れることができない。また、ともし火をともして升の下に置く者はいない。燭台の上に置く。そうすれば、家の中のものすべてを照らすのである。そのように、あなたがたの光を人々の前に輝かしなさい。人々が、あなたがたの立派な行いを見て、あなたがたの天の父をあがめるようになるためである。（マタイ五・一四―一六）

滝沢克己（以後、敬称略）の最晩年の著作に『聖書入門』がある。そこでの「山上の垂訓」の解説はこういうものだ。

ここで火がともされるというのは、それは、世界中の隅々まで照らすためだというのです。これを枡の下におくというのは、教会の中だけに光をとじこめてしまって、この中へくれば明るいよということをいっている。枡の下におくというのは、そういうことです。(『聖書入門』三一書房、一九八六年、二〇二頁)

「教会の中だけに光をとじこめておく」、これは重要な警鐘だ。

筆者はこの〝教会〟の意味について考える昨今である。いわゆる神学的な教会論のみならずコミュニテイ論に関心を持っている。人はなぜつながってコミュニテイを作るのか、ということである。そしてあらゆる人間のコミュニテイが「インマヌエルの原事実」(「キリストの恩恵」)の外に形成されることはない、とも考えている。従ってこの「教会の中だけに光をとじこめてしまう」という滝沢の解釈は大そう興味深いのである。筆者は滝沢克己協会編『思想のひろば』第五、六号(一九九五、九六年)に「純粋神人学における宗教と実在」という論文を寄せたことがある(拙著『哲学的神学と現代』ヨルダン社、一九九七年の第四章に採録)。すでに二十年以上が経過したわけだが、その論文の末尾に次のように記した。

以上のような素描を通してであっても、われわれはつぎのような結論に達した。滝沢神人学における宗教論および科学論と近代認識論批判は、未完成であるが、極めて重要な視点を提供している。そしてこの未完成のプログラムを一歩完成に近づけるために、超越論的解釈学は何

らかの形での指針をあたえうるであろう、と。（一四九頁）

したがって本エッセーはこの筆者の「超越論的解釈学」（その後、表現を「創発的解釈学」と改めた）の二十年後の発展を記すことになる。一口で言えば「ともし火を枡の下ではなく燭台の上に置くための悪戦苦闘」ということになろうか。これはたとえ「不可分・不可同・不可逆なインマヌエルの原事実」を座右の銘としてきたところであっても、十分に悪戦苦闘の道であったのだが。

滝沢神学との出会いは大学生のときだった。筆者は物理学専攻の学部学生であり、いわゆる団塊の世代であったから、ちょうど全共闘運動の燃え盛った時代にこれに巻き込まれた青春を過ごした。当時の東大全共闘代表の山本義隆氏と滝沢との往復書簡が「朝日ジャーナル」に出て（一九六九年六月二十九日号）それを読んだ時の鮮明な記憶がある。いずれにせよその前後に滝沢克己の書いたものに触れ、まずは『聖書のイエスと現代の思惟』というまとまった著作を読んで深い感銘を受けたのを憶えている。新鮮なキリスト教解釈だった。他方の山本義隆氏については、筆者がその後に大学院進学して同じ素粒子理論を専攻するようになったこともあり、山本氏のその後の思想的軌跡にも関心があって近著の『近代日本一五〇年——科学技術総力戦体制の破綻』（岩波新書、二〇一八年）は感慨深く読んだ。

このお二人の先達の中間くらいのところを筆者は歩んできたのだろうか、といまこのエッセーを書きながら思い起こしている（筆者自身の軌跡は近著の社会学者・大澤真幸氏との対談『キリスト教と近代の迷宮』（春秋社、二〇一八年）に部分的に現れているかもしれない）。

滝沢は「神人の接触」を不可分・不可同・不可逆なインマヌエルの原事実と呼んだ。バルトは「第一義のインマヌエル」をナザレ人イエスのみに帰し、「第二義のインマヌエル」をイエスを信じる人に帰した、と滝沢は言う。しかし滝沢自身はこの区別を認めない。そして「第一義のインマヌエル」はいわばイエスを知らない（たとえば覚りを開いた）仏教徒にも「はたらいている」としている。そしてこのことはバルトやバルトの弟子との間で論争になったという。しかし、後年のバルト自身は異なる考え方をしていたのではないか。つまり、そうした真摯な仏教徒ですらもイエスとの出会いが起こっている、と理解していたのではないか。というのはバルトの「和解論」（一九五九年）の記述を見る限り、「イエス・キリストの甦りに基づけば、事実上彼との出会いの中にいない人間は存在しない」と言っているからである。(1) 人として存在する限りすでにこのキリストとの出会いの中に開かれているからである。もちろんバルトはこの「出会い」を自覚的に受け入れ、キリストの証人として日々を生きる人のことをキリスト者と呼ぶのであるが。

この「キリストの証人」はまさにバルト神学の真骨頂と言えるであろう。以下の表現に明瞭だ。

神の御言葉はすべての人間に対して語られる。それを語り給うイエス・キリストがすべての人間のかしらであり給う限り、そうであり、彼が語り給うことが、すなわちイエス・キリストにおいて起こった神の恵みの行為が、彼らすべてのために――全世界のために起こったことである限り、そうである。しかし彼の証人たちの召命という出来事においては、それは〔証人である〕それらの人々に対して語られて、彼らの身に特別な解放が起こり、彼らにはそれを聞くことが許され、したがってその内容が彼らに開示され、彼ら自身その内容に対して開かれるのである。(2)

筆者はこのような「あらゆる人間がキリストの恵みの中にいる」といった、いわば聖霊としてのキリストの現臨の恩恵、(3)これを契約神学の「恩恵の契約」の伝統の中で「共通恩恵」（common grace）と呼び、「救済恩恵」（saving grace）とは区別してきた。救済恩恵とはバルトの言う「特別な解放」ということである。いずれの恩恵も「インマヌエルの原事実」（神我らと共にいます）に基づくものである。それゆえに筆者自身の立場を神学ではなくキリスト教哲学と呼んできた。

筆者は前述の創発的解釈学を、より具体的に自然環境や社会生活の中で対話的に批判的に表現する場合に批判的実在論と呼んできた。また宗教が私的（private）なものではなく公共の場でより公共的（public）な討議の中で、価値の源泉として働くべきだと考えて、これを公共哲学とも呼んできた。筆者の公共哲学は二つの規範すなわち四世界論（図1）と四セクター論（図2）によって図示することができる。滝沢的な表現としてのインマヌエルの原事実は、四世界論の中の左側の「心」に集中していたと考えられる。滝沢に不十分であった〈物の存在論〉をより明確にするのが右側の「意味の世界の階層構造」である。特に世界3の公共の場での参加型民主主義（創発民主主義）を確立するために四セクター論が必要とされる。

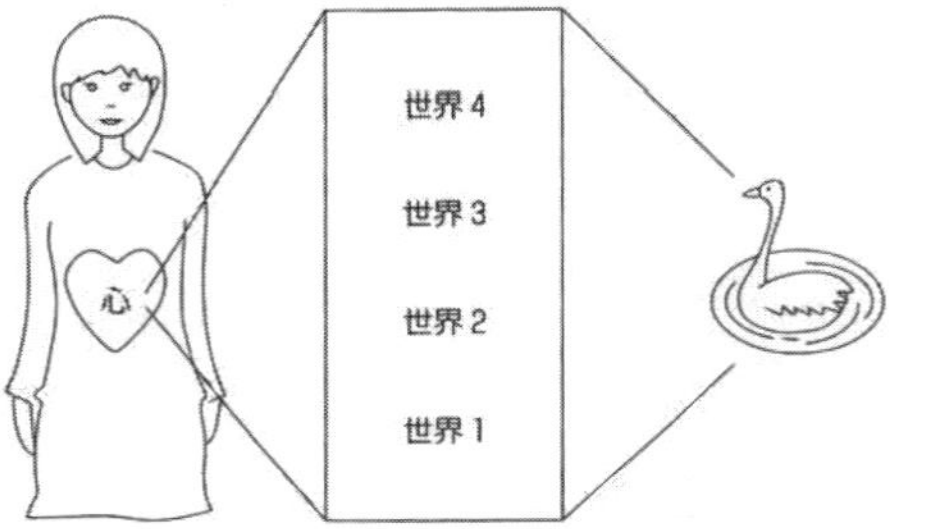

主観が実在（リアリティ）を認識する仕組みを著者は創発的解釈学と呼んでいる。世界1（自然的・身体的意味の世界）、世界2（心理的意味の世界）、世界3（社会的・倫理的意味の世界）、世界4（スピリチュアルな意味の世界）。

図１　四世界論としての創発的解釈学

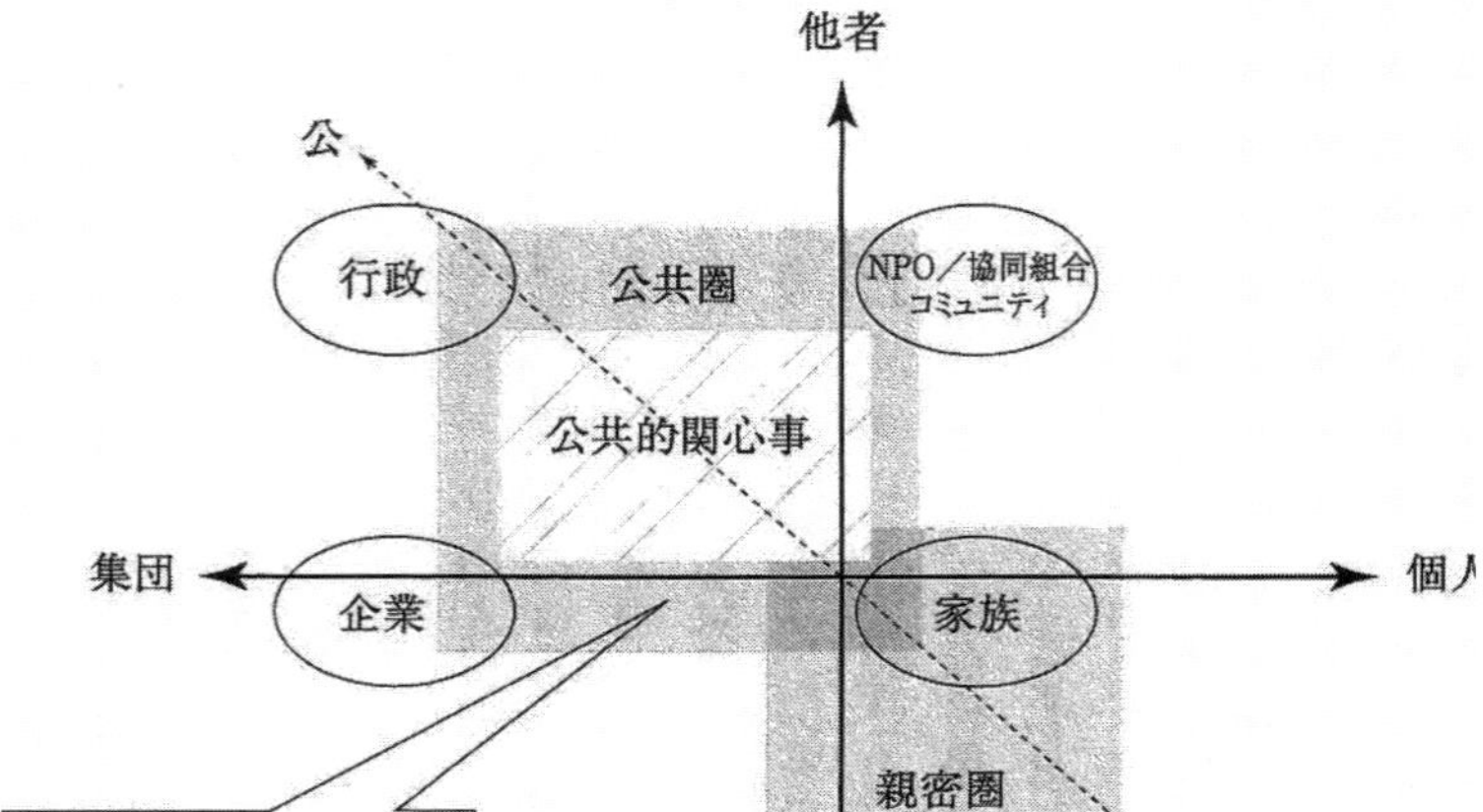

図２「自己－他者」と「親密圏－公共圏」の図

山上の垂訓は実践されてこそ意味がある。単にいい言葉だ、人生の本質を表現している、というだけの通り一遍の言い方で、もしそれが読んだ人の実践に結びつかなければ、ここから何かを学んだことにはならないだろう。この聖書の言葉を現実に移した生き方をしてこそ、思想として受肉する。特に戦後七〇年経って、この国に生きる人々はとてつもない〝生活の劣化〟に遭遇しているからだ。今後の滝沢思想の継承者に必要なのは何か。それは〝生活の劣化〟が〝生命の劣化〟へと移行しない防波堤となることであろう。そして、その思想が公共圏での市民生活にどう生かされるのかを探究することではないだろうか。そうでなければ「インマヌエルの原事実」はただの私的(private)な宗教哲学で終わってしまうからだ。それは大変に残念なことだと思う。

2　公共の場への適用を

そういう意味で、「インマヌエルの原事実」を賀川豊彦(一八八八―一九六〇年)ほどに実践的に展開した近代の日本人はいない、筆者はこのように考えている。筆者の知る限り滝沢と賀川の直接の接点はない。両者が互いに言及している文章に出会ったこともない(もしあればお教えいただければ幸いだ)。賀川は社会実践家であって、「神の国運動」を主催したキリスト教牧師であり哲学者ではなかった。賀川の「神の国」の捉え方は極めて聖書的であったが当時の日本のキリスト教界には十分に受け入れられなかった。[4] 彼は、貧民救済からスタートし防貧活動の必要性に目覚めた稀有の実践思想家であった。[5] 日本の資本主義の弊害が現れ始めた大正・昭和初期の時期に、これに対抗する社会と経済の仕組みを創ろうと努力した先人であった。彼はこう述べている。

私は、真の経済革命は、キリストの如き、意識生活を社会化した時に於いてのみ、完成せられるものであり、キリスト教的兄弟愛が発展しなければ、真の経済的理想社会は来ないと云ふことを確信して居る。……幸にもこゝに、キリスト教伝統の兄弟愛的経済組織運動が現れた。それは、先に述べた如く、ロッチデールに始まつた協同組合運動である。この兄弟愛運動は、物質を一位とせずして人格を第一位とし、利益を中心とせずして互助を中心とする。その目的は、搾取を離れた統制経済にあって、キリストの教えた山上の垂訓と全く相一致してゐる。(『産業組合の本質とその進路』(一九四一年)序、全集第十一巻(キリスト新聞社、一九六三年)所収)。

現在、二〇一八年の開始と共に、「働き方改革」と称して政労使を巻き込んだ政治課題が国会審議において進行している。筆者は二〇一〇年に『公共福祉という試み』(中央法規出版)でオランダの労働時間の短縮の議論を紹介した。労働時間の短縮というのはライフワークバランス、つまり労働(ワーク)以外に生活(ライフ)を一緒に議論することを意味する。人間の生活には糧を稼ぐ労働と同時に、家族やコミュニテイでの人と人との絆を創るための交流がある。だから働く意味とは逆に言えば休む意味なのである。

休みの中に人と人との交流、そして人間と世界の創造者なる神との交流がある。これはユダヤ・

キリスト教の歴史では安息日をめぐる議論としておなじみのものである。そこで一つの問題点が浮かびあがる。つまり、滝沢の聖書理解の中に、表面的でなく実質的に、旧約聖書の歴史がどの程度に考慮されているか、ということだ。このテーマは、今後、特に滝沢神学の後継者の中でもっと議論されてよい。というのはイエスの誕生とインマヌエルの意味、そして十字架の死と復活が、もともと旧約聖書的な歴史の流れと切り離せない物語だからである。イエスによる解放とは、過越しの祭りの中に埋め込まれた出来事として、具体的に出エジプトなどの事件を通した「奴隷的な生活」からの解放だからである。[6] 単なる「罪の赦し」といった私的、実存的なレベルの話だけではない。資本主義人間の政治経済生活とも密着していて、人間が働きかつ休むという現実と密着している。資本主義批判はこのような内容を含まなければ今日の日本では十分なものとならない。

今日の日本の政策論争批判には日本の伝統思想への重大な批判的意味があり、それゆえに近代のヨーロッパ一六―一七世紀的な資本主義と民主主義、科学革命といった近代文明の生み出した規範性の中で、グローバルな一級の問題として議論する必要があるのである。

戦後七〇年以上を経過した現代日本の際立った危うさは近代科学、資本主義、基本的人権（民主主義）という西欧由来の〝普遍的〟な文明の実を受け入れながらも、これを支える精神文化を十分に発展させることができていないことである。科学、経済、人権、これらのルーツとは何か。それは聖書的な真理（神のロゴス）の「長い一六世紀」（フェルナン・ブローデル）への受肉（神のはたらき）と深い関係を持つ。これを伝統的な用語では自然法と呼んでよいであろう。筆者はこれを現代的に解釈学的転回を施して、図1の意味の階層的秩序すなわち四世界論によって理解している。

一つの問いを出したい。日本で社会科学の「理論」は可能か？

「実践」に対する「理論」ということである。西洋哲学ではアリストテレスのpraksisに対するtheoriaから出発している基本的な考え方だ。哲学が実在（reality）そのものの探究であることを思い起こすために「理論」と「実践」の二元論のジレンマを乗り越えなければならない。プラトンからアウグスチヌスを経て一八世紀のカントの「理論理性」に対する「実践理性」まで、この二元論は続いている。「理論」の典型は一七世紀の科学革命期のニュートンの時期に確立した。カントはまさにこれを使って科学上の仕事もしているのだが、他方でルソーの「自由」との間で二元論に陥ったのである。「科学」と「自由」の絶対的弁証法と筆者は呼んでいる。

$$F=G\frac{M_1M_2}{r^2}$$

この万有引力の公式は中学生の理科の教科書に出てくる「理論」の典型である（世界1〜3の中の自然法の定式化）。現代日本で義務教育を受けたレベルの人たちはその内容が理解できる。科学の世界で生きている人たちはこの程度の「自然法則の規範性」に慣れていて高度技術社会の常識になっている。しかしながら、日本の社会科学には統計学の適用を除いて理論は存在しない。自然科学と事情が大きく異なる。このギャップが問題だ。なぜなのか。これは実在（reality）をどうとらえるかという哲学の根本の問題に関係するのである。実践は現場での積み重ねとしてあるが、日本では多くの人たちは「理論」というものの意味を理解しない。研究者による西洋社会科学の輸入としての「理論」はあっても、これは何も役に立っていないし、役立てる気もない。

社会科学の営みとは、筆者の四世界論では下から上への創発による実在の複雑さが増すという理解だから、この世界3での自然法の読解ということになる。

3　「規範性」への信頼――日本というトポス

社会科学では自然法の理論もまた「規範性」と置き換えてもよい。西洋において自然法は神の創造の法として受け止められ、基本的には神への「信頼」という形で続いている（実は先のニュートン力学の例でもこれが基本にある）。ただしカントはこれをコペルニクス的転回によって主観に引き寄せた。たとえそうだとしても、世界は目の前にあるという信念があり、人は私に語りかけてくるという信念があることを否定できない。だからこれは経験を離れては認識できないし、正確には批判的実在論（critical realism）と呼ばなければならないだろう。社会科学であれば社会的実在（social reality）とは何かという問いである。しかし日本ではこの「信頼」は自然科学の理論に比較して極めて弱い。なぜなのか。それは創造者なる神への信頼がないからである。日本人キリスト者が陥った罠を見ることで問題ははっきりする。

戦時中、すでにバルト神学も紹介されていたのだが、日本のキリスト教は日本思想との折衷をはかった。例えば、魚木忠一がいる。彼は『日本基督教の精神的傳統』（一九四一年）[7]で、神道にも創造がありこれがキリスト教の創造の意味を理解する際に助けになるとした。また仏教の救済論の深みの評価以外に、江戸期の儒教が人格としての倫理道徳を庶民に教えたとしている。[8]特に中江藤樹の陽明学への高い評価があり、[9]これは賀川豊彦の評価と一致している。また幕末維新期の儒者、佐久間象山の「東洋道徳、西洋藝術」、横井小楠の「明堯舜孔子之道、尽西洋器械之術」が、西洋学問を唯物的功利主義として輸入する端緒となったと指摘している。[10]これが明治期のスローガン「和魂洋才」につながったということであろう。

ただこの「唯物的功利主義」という見方は正しくない。象山の場合も小楠の場合もグローバルな視点をすでに持ち合わせていた。筆者はかつて横井小楠の同じ詩の箇所「大義を四海に布かんのみ」[11]を引用し、彼の「天地公共の実理」を中心に据えたグローバルな公共哲学の可能性を示唆した。[12]しかしながら現実の歴史は明治維新とともに天皇中心を強調する神道勢力がヘゲモニーを握り、超越的な「天」を説く儒教を脇へ追いやり「大和の魂、西洋の科学技術」(和魂洋才)と矮小化されたのだ。

江戸時代の中江藤樹らの一神教的な陽明学の豊かな庶民道徳は、例外を除いて、明治期に発展せず、儒教でも天皇中心の狭隘な君臣道徳(和辻哲郎も「和魂」としてこれを推進)と、加藤弘之に代表される唯物的自然進化主義そして福沢諭吉に代表される功利主義によって洋才が奨励された。ただその庶民道徳に「例外を除いて」と書いたのは、最近のテツオ・ナジタの「相互扶助の経済」の研究が明らかにしているように、学術的な歴史書には顔を出さなくても、現代にまで流れる江戸時代の無尽講・報徳の民衆思想史の水脈、庶民道徳のしたたかさが存在しているからである。テツオ・ナジタが賀川豊彦の協同組合運動を相互扶助の民衆史の中に位置づけているのは、実に興味深いことである。[13]

明治初期には、陽明学的儒教に接した当時の青年のキリスト教への回心があり植村正久、海老名弾正、本多庸一、内村鑑三[14]等プロテスタント初期キリスト者を通し、最終的には賀川豊彦によって〝包括主義的〟キリスト教として受け継がれたと解釈できる。しかし賀川の創造と贖罪（和解）の信仰を重視した包括的キリスト教理解は主流にはならなかった。逆に、救済論から始める組織神学を強調する熊野義孝らの神学によって、再び、仏教的内面性へと後退したと考えられる。[15]熊野は日本への初期バルト紹介者としてよく知られている。そしてプロテスタント主流派の神学的傾向はその影響を強く受けた。

魚木の『日本基督教』は日本のキリスト教が仏教、神道、儒教の豊かな遺産を吸収してレベルの高いキリスト教類型の一つを生み出したとしている。しかしながらその本居宣長、平田篤胤の神道への高い評価が、当時高まりつつある国体への過度な肩入れとなり、やがて皇国臣民のための〝日本的キリスト教〟へと迎合していった。

この弱点はすでに魚木の著書にはらまれている。教理的には平田派神道の古事記の最初の天地開闢の意味の誤読にある。[16]「私は寧ろ、『古傳説』に於ける天地開闢の物語の意味が明かにされ、それによって、創造神を宗教的に深く考へる根拠が出来たことを重要であると考へる」と魚木は言うが、実は、古事記の出だしの造化三神の「成る神」は「造る神」と対極をなし、神道的な「内在的な産霊の霊力によって不断に成りゆく世界」の根源となり、ズルズル・ベッタリの日本型天皇制の無責任体質の元凶を生み出している原因に他ならない（丸山眞男）。[17]『日本基督教』は無からの創造の意味とインマヌエルの原事実を読み取ることができなかった。神道的「成る神」は自然の中に神聖さを感じる日本的宗教性（自然宗教）そのものに他ならない。加藤周一が「西洋での神の役割を、日本の二〇〇〇年の歴史のなかで演じてきたのは、感覚的な『自然』である。その結果、形而上学ではなく独特の藝術が栄え、思想的な文化ではなく、感覚的な文化が洗煉された」[18]と言っていたのはそのことである。

魚木の意図は日本宗教を用いてキリスト教を強化するということなのだが、裏から見れば、異なる評価になってしまうだろう。つまり、仏教、神道、儒教のそれぞれの豊かな遺産が相乗効果しつつ、逆に、キリスト教の利点を学んで協働すればそれで自立した一宗教として国民を感化できるし、そこに天皇制をも包含できれば大衆性も獲得できる（〝日本教〟の創出！）。仏教の救済論、神道の創造論、儒教の道徳・倫理観が合わさった大衆的〝日本教〟があれば十分だ。つまり聖書的なメッセージは結局のところ日本に必要ない。

問題は今日でも何ら変わらない。日本文化に生きる人々の思想と生活の現実に対して「インマヌエルの原事実」への開眼は何を示唆するのか。神の創造と和解、さらに創造者なる神の世界に張り巡らされた「規範性」に言い及んでいく必要性を筆者は感じてきたのである。

結び

日本文化と習慣、制度に生きる人たちは「規範性」への信頼を持てるだろうか。いや、持たなければ話にならないというのが筆者の言いたいことだ。ところが、日本で唯一の規範性と言えばそれは「お上」（オカミ）であり、お上（＝公）に逆らうことは倫理的に悪とされた。西洋文化圏では自然法に信頼してこれに従った行動をとることが「真理」（truth）や「正義」（justice）の意味である。だから時には革命が起こる。今では功利主義倫理学と新自由主義のゆえに弱まった感がある。しかし場合によっては強い信念として生きている。他方、日本では依然として「お上」が恣意的に定めた法に従順であることが「善」なることの証となる。このような事情を理解しない限り、いくら「理論研究」を積み重ねても実践の場で何のインパクトも与えることができないと考える。実践の場で影響力をもってくるのは、結局は政府（＝公）の決めたことに従う（つまり「お上」にたてつかないことが善き国民）ということでしかない。筆者たちの公共哲学ではこの日本人の性向をくり返し〝滅私奉公〟と呼んできた。[19] それを〝活私開公〟に変更するのがわれわれの目的である。

西洋文化圏では post-truth（真理の死んだ時代）という概念は意味を持つが、日本思想では最初から truth や justice の概念がないので post-truth に意味はない。「お上への忖度」ということですべてが何事もなかったように過ぎ去る（現代の劇場型政治で二〇一八年、マスコミの話題をさらった安倍政権下での森友・加計（モリ・カケ）問題も証言による「信頼」の確立のプロセスがあればまだ理解できる。しかし週刊誌やニュースショーの話題になっても、与党の数の力により「逃げ切り」や「幕引き」や「みそぎ」がすめばそれでよい、そのような出来事によって国民の富がどんどん失われていく現実こそが、truth や justice などの「規範性」への信頼が全く無いという意味である）。

こういった日本思想のトポスの中で、滝沢思想の継承者たちの責任は大そう大きいと考える。

注

（1）カール・バルト『教会教義学』「和解論」Ⅲ／3（新教出版社、一九八六年、改訂版二〇〇二年）九頁。「人間は自分自身に基づいては、そのような者（不真実な者・変造する者・虚偽者）と思うことはありえないであろうし、思わないであろう。イエス・キリストとの出会いの中で（イエス・キリストの甦りに基づけば、事実上彼との出会いの中にいない人間は存在しないが）、人間がそこに生きている虚偽の現実は、認識可能な存在と把握可能な形態を得、そのようなものとして示されざるをえない」。

（2）同書、四九三頁。

（3）同書、二一一頁。「したがって、その言明を確認するために、彼は、普遍的に妥当し知られている真理の光によって、あるいは彼の現れから導き出された特別な（もしかすると教会的な）真理の光によって説明されることを、必要とし給わない。彼自身は、この人間は、御霊の約束という形態でそこに存在し生き働くときに、真の証人であり給うのである。すなわち、真理であり真理の言明であり給うのである。そして、そのような人間としてのその現存在と生において、彼は、他のすべての人間の覆いを取り除き給うのである」。

（4）英国の新約学者C・H・ドッド（一八八四―一九七三）の有名な「実現しつつある終末論（realizing eschatology）」は「神の国」の到来を実現しつつあると捉えた賀川豊彦の信仰的実践の立場に近い。今日の新約学の成果と深く関係している（注6参照）。また「神の国」の今日的位置づけについては拙編『神の国と世界の回復』（教文館、二〇一八年）参照。

（5）賀川豊彦について筆者は多くを書いてきたが、まとまったものとしては『公共福祉とキリスト教』

（教文館、二〇一二年）第二章、『実践の公共哲学』第一章、『福祉の哲学とは何か』（ミネルヴァ書房、二〇一七年）第三章四節。
（6）近年の新約聖書学の発展に関しては例えばN・T・ライト（一九四八―）の『新約聖書と神の民――キリスト教の起源と神の問題』山口希生訳（新教出版社）上（二〇一五年）、下（二〇一八年）参照。
（7）魚木忠一『日本基督教の精神的傳統』（基督教思想叢書刊行会、一九四一年）。
（8）同書、九〇頁以下。
（9）同書、九八―一一四頁。
（10）同書、一四一―一四二頁。
（11）丸山眞男「幕末に於ける視座の変革――佐久間象山の場合」『忠誠と反逆』（筑摩書房、一九九二年）一二九頁。
（12）拙著『国家・個人・宗教』（講談社現代新書、二〇〇六年）三二―三四頁。
（13）テツオ・ナジタ『相互扶助の経済』（みすず書房、二〇一五年）二八二、二九七―二九八頁。
（14）特に内村鑑三と明治初期の陽明学との関係について、小島毅『近代日本の陽明学』（講談社、二〇〇六年）七六頁以下参照。
（15）拙著『改憲問題とキリスト教』（教文館、二〇一四年）三六頁以下。
（16）魚木忠一『日本基督教の精神的傳統』一二七―一二八頁。
（17）丸山眞男「歴史意識の『古層』」『忠誠と反逆』所収論文参照。
（18）加藤周一「近代日本の文明史的位置」『加藤周一著作集・第七巻』（平凡社、一九七九年）七四頁。
（19）拙著『実践の公共哲学』（春秋社、二〇一三年）の参考文献参照。最新のものは「協同組合研究」第三七巻第三号（二〇一八年）所収の拙稿等参照。

3　滝沢神学と天皇制

――イエスと天皇――

内藤　酬

一

滝沢神学に対し宗教間対話に道を開くものとして高い評価がある一方で、天皇制をめぐる言説について少なからぬ疑問や批判が提起されている。(1)　滝沢は戦争中に執筆した論文「誠と取引」のなかでつぎのような発言をしている。

我々が天皇によって生れ、天皇によって死するということは、あらゆる反対の外見にも拘らず、単なる古代人の錯覚ではなくして、深く我々の存在の根柢を穿った真理であると思うのである。皇孫の天降りたまいし日の如く、今日も亦いきいきと動きつつある事実であると思うのである。天皇の御言のまにまに生き且死するということが、今日の我々にとっても亦、物そのものの事理にかなえる、唯一の合理的な生き方であると考えざるを得ないのである。[2]

現人神にましまます天皇は、現神にていますと共に、又現人にておわしますのである。即ち、我々の錯覚に基く架空の神でなくして、我々が絶対に随順すべき現実の主にていましながら、畏くもまた単に外見上の人ではなくして、生れ、学び、愛し、悩み、そうして死んでゆく我々と、全く異るところなき、現実の人にてましますのである。[3]

この論文は、戦後は伏せられたままであったが、滝沢の死後に公にされた。「あとがき」で富吉建周が「ご自身愛着されていた論考である」[4]と述べているように、滝沢自身はこうした考えを戦後も一貫して抱き続けた。敗戦後の一九四六年には「かたくなにもわたくしは、敗戦後さいわいにして皇室に対する赤裸々な論議の許されるようになった今日もなお、すべてこれらのことについてのわたくしの確信をうごかすことができない」[5]と記しており、さらに戦後に執筆された「神、人間および国家」では、わが国の「国体」について「歴史的に現象したもろもろの『国体』のなかで最も見事な・きわめて稀れな・一典型である。したがってそれはまた、それら相互のあいだの関係において、それ自体一つの最も適切な、是非曲直の判断の尺度として役立ちうるであろう」[6]と語っている。

そこには天皇制神話と天皇制国家の枠内に自足する滝沢の姿がある。「誠と取引」における天皇と国体をめぐる言説は「神、人間および国家」を経て、戦後の論考に一貫して受け継がれている。日本の国体に対する確信は微動だにしていない。したがってそこにおける国体論的言説は、時局に迎合した時代の産物などではなく、インマヌエルの原事実に呼応する発言であり、それゆえ滝沢神学の核心にかかわるものといわなければならない。そこに国体論者・滝沢克己の秘められた本質がある。滝沢は自らの国体論者としての本質を隠し、戦後社会のなかで密かに国体護持の闘争を続けてきた。彼の考える「世界国家」は、日本の国体を地球的規模へと拡大し、天皇のもとに世界を統合するものであり、日本の天皇を世界の天皇にしようとするものにほかならない。(7)

そこには「八紘為宇」の思想に通じるものがある。滝沢を国体イデオロギーの正統な継承者と見なすこともできよう。(8) 彼は世界国家誕生の日まで、日本の国体を守り続けることを自らの使命と考えていた。しかし滝沢は狂信的な国体論者ではない。滝沢神学はインマヌエルの原事実にもとづいて、天皇制神話と天皇制国家を基礎づける哲学であり、それゆえ「滝沢は国体論者である」と断罪するだけでは問題の所在は明らかにならない。滝沢神学の核心に踏みこんで、その問題点を内在的に解明しなければならない。滝沢神学と天皇制の関係は、周辺に放置しておいてよい課題ではなく、むしろ中核に位置づけて検討すべきものといえよう。

二

滝沢克己は自己成立の根底を「神人の原関係」に求め、それをカール・バルトにならって「インマヌエルの原事実」とよぶ。そしてそこには神と人との絶対に不可逆な関係がある。さらに彼はこの「インマヌエル」を「第一義のインマヌエル」と「第二義のインマヌエル」に区別する。根源的存在論的な「第一義のインマヌエル」が歴史的実存論的な「第二義のインマヌエル」として現成するところに歴史的世界が成り立つ。人間的実存は第一義のインマヌエルに呼応して第二義のインマヌエルを実現すべく生まれてきた。イエスはそのことを自覚し、第二義のインマヌエルを典型的に実現した人であった。それが「イエスは神の子キリストである」ということの意味でなければならない。イエスはどこまでも神とは不可逆的に区別された人であった。第二義のインマヌエルを第一義のインマヌエルと混同することは忌むべき偶像崇拝にほかならない。

これに対してバルトは、イエスの生れたその時その処にはじめて、インマヌエルの事実そのものが発生したと考えた。[9]「人の子イエスが即ち神の子キリストである」。イエスは「まことの神が、まことの人である」ことによってキリストであった。人はイエス・キリストを信じることによってのみ、インマヌエルの神とつながり、救済に与ることができる。それゆえ聖書と教会の外に信仰の可能性はない。このようなバルトの主張に対して滝沢は「イエスの誕生によってインマヌエルの事実が始めて発生したのではない」「インマヌエルの事実がその時その処に始めて生成したと信じることは、よし何らかの天使がそれを告げ、全教会がそれを宣言しようとも、全くの倒錯だといわなくてはならない」と断言し、「彼は、インマヌエルの事実そのものから聖霊によって出立しながら、いつの間にかイエスの肉体を神秘化し神格化してしまった」と批判する。[10]

滝沢神学はこの「バルト神学になお残るただ一つの疑問」への批判を通じて形成された。[11] 第一義のインマヌエルはイエスの誕生に先立ってすべての人のもとにあり、第二義のインマヌエルはイエスを含むすべての人に開かれている。イエスは第二義のインマヌエルを典型的に実現した人であるが、どこまでも神とは不可逆的に区別された人であった。インマヌエルの原事実をこのように考えると、第二義のインマヌエルを実現した人が、聖書と教会の外に見出されたとしても、なんら不思議なことではない。滝沢神学が宗教間対話に道を開くものとなる所以である。戦後の滝沢はキリスト教と仏教の対話に精力的に取り組み、釈迦や親鸞に第二義のインマヌエルの実現を見ていた。第一義のインマヌエルと第二義のインマヌエルの関係は、禅における「仏性」と「見性」の関係に通じるものがあり、滝沢神学と大乗仏教との共通性も指摘されている。

キリスト教はインマヌエルの原事実を、イエス・キリストに独占的に帰属するものとして、聖書と教会という自閉的空間に封印するものにほかならない。それは聖書と教会の外における信仰の可能性を排除するものであり、バルト神学もその例外ではなかった。滝沢神学はインマヌエルの原事実を、この自閉的空間から解放するものとしてあった。それは大乗仏教の思想を、キリスト教神学の用語を用いて再構成したものと考えることができる。そしてそのようなものであるがゆえに、キリスト教と仏教の対話に道を開くものとなる。それが西田哲学からバルト神学を経て、滝沢がたどり着いた地点であった。滝沢はバルト神学と出会う以前に、すでに西田哲学との出会いを通じて、聖書と教会の外における信仰の可能性を確信していた。それは滝沢における回心であり、その体験は滝沢を「バルト神学になお残るただ一つの疑問」へと導いていった。

三

日本の国体において「現人神にましまます天皇は、現神にていますと共に、又現人にておわします」「我々が絶対に随順すべき現実の主にていましながら」「我々と、全く異るところなき、現実の人にてまします」。このような日本の国体における現人神としての天皇のあり方は、キリスト教におけるイエス・キリストのそれと酷似している。イエスは「まことの神が、まことの人である」ことによってキリストである。「我々が絶対に随順すべき現実の主」である神の子キリストは、「我々と、全く異るところなき、現実の人」である人の子イエスであった。イエスが第一義のインマヌエルに呼応して第二義のインマヌエルを典型的に実現した人であるなら、天皇も同じように第二義のインマヌエルを典型的に実現した人と考えなければならない。それらはインマヌエルの原事実という共通の基盤のうえに成り立つものにほかならない。

キリスト教はインマヌエルにおける第一義と第二義の区別を認めず、インマヌエルの原事実をイエスの誕生という歴史的に一回限りの出来事によって発生したものと見なし、イエス・キリストを信じること以外に、いかなる救済の道もあり得ないと主張する。その一点について、バルトも認識を共有していた。したがってその一点を含めてバルト神学を受け入れるなら、もはや天皇と国体が存立する余地はどこにもないであろう。「我々が絶対に随順すべき現実の主」はイエス・キリスト以外にないからである。国体論者・滝沢克己にとって、そのような事態はとうてい受け入れられるはずもなかった。バルト神学を受け入れたうえで、天皇と国体の存立を可能とする論理が必要であった。滝沢が「バルト神学になお残るただ一つの疑問」への執拗な批判をくり返したのはそのためであった。滝沢克己によるバルト批判は国体護持の闘争としてであった。

滝沢神学はバルト神学に対する国体護持の闘争を通じて形成された。イエスと天皇はいずれも第一義のインマヌエルに呼応して、第二義のインマヌエルを実現した「現実の人」であり「我々が絶対に随順すべき現実の主」としてであった。第一義のインマヌエルにおける神と人との絶対に不可逆な原関係にもとづき、第二義のインマヌエルにおける人と人との関係にも、相対的ではあるがやはり不可逆な秩序が必然的にともなってくる。「人間が神とただちに一つであり、そこに主と従の関係が宿っているという事実（人間の本質）から、人間社会には必然的に主なる中心・従なる周辺という秩序が帰結する。これが（滝沢の言う）国家である」[12]。第二義のインマヌエルを典型的に実現したイエスと天皇のもとに、国家の本質（国体の本義）を体現する二つの国家が成立する。一つは「神の国ユダヤ」であり、もう一つは「神の国日本」であった[13]。

しかし「神の国ユダヤ」では「すべての予言者よりも偉大なるもの、『ユダヤの王』ナザレのイエスを十字架に釘けるに及んで、作られた形としてのユダヤの国家は跡形もなく潰え去った」[14]。これに対して「神の国日本」では、万世一系の天皇と金甌無欠の国体が「連綿たる皇統を通じて今日まで伝えられて来ているのである」[15]。したがってインマヌエルの原事実に正しく呼応する国家はもはや「神の国日本」しか残されていない。それゆえ来るべき世界国家の原型となるのは日本の国体のみということになる。しかしそれは中心と周辺という不可逆な秩序をもつ構造が、地球的規模へと拡大した体制となるしかない。国体論者・滝沢が思い描く世界国家は、天皇制神話と天皇制国家という自閉的空間に世界を封印するものであり、中央集権的な管理体制と権力支配のメカニズムが、地球的規模で世界を覆いつくした「世界帝国」以外の何ものでもない。(16)

四

インマヌエルの原事実は「決定するものなき決定」として「原決定」であり、それゆえ「無の決定」としてである。「無の決定」は「無の自覚的限定」であり、神人の原関係は「無の場所」に成立する関係にほかならない。西田幾多郎は自己成立の根底を「無の場所」ととらえ、それを「相対的無の場所」と「絶対無の場所」に区別する。絶対に無なるとともに絶対に有なるものであり、絶対矛盾的自己同一なる「絶対無」は「絶対無の自覚」において自己自身を自覚し「絶対無の場所」として自己自身を限定する。絶対無の場所は逆対応的に「叡智的世界」と「相対的無の場所」を逆限定し、叡智的世界と相対的無の場所を機縁として「歴史的世界」を逆限定する。歴史的世界は「無の自覚的限定」の世界であり、「場所の自己限定」に逆対応した「個と個の相互限定」の世界である。そこに全体的一と個物的多との矛盾的自己同一の関係が成立する。

全体的一としての叡智的世界は相対的無の場所において自己否定的に個物的多となる。相対的無の場所は個物的多の成立する母胎であった。叡智的世界と歴史的世界と相対的無の場所の関係は絶対無の場所に包まれ、そこに逆対応的に逆限定された関係であることを忘れてはならない。全体的一と個物的多との矛盾的自己同一は絶対無の場所に成立する関係であった。この全体的一としての叡智的世界を対象的方向に考えたものがプラトンのイデア界である。それは対象的方向に超越的な世界であり、それ自体で成り立つ世界であった。個物的多の母胎となる相対的無の場所は無規定の場に当たるものといえよう。個物的多から構成される歴史的世界は生成界に当たり、それはイデアを分有するものであり、イデアが場に映し出す似像の集合であった。そこに西田哲学との類似性を見てとることができる。しかしプラトン哲学には絶対無の場所がない。

西田哲学はプラトン哲学の全体を絶対無の場所に包まれたものとしてとらえ直すことによって成立した。[17] そこには対象論理的思惟から場所的論理的思惟への転回がある。このような転回を大橋良介は「場所論的転回」とよぶ。[18] プラトン哲学は対象論理的思惟を高度に組織した哲学の原型であり、そこにおける絶対無の場所の欠落は対象論理的思惟の究極の限界を示すものとしてある。滝沢神学は西田哲学よりむしろプラトン哲学と著しく親和的であるといえよう。滝沢は国家を精神面の「国体」と物質面の「政体」という二つの側面に区別し、政体は生成消滅するが国体は永遠不滅であると主張する。そこには「不滅の魂」と「死すべき身体」との不可逆的な区別があり、不滅の魂のみが永遠不滅のイデアに与ることができる。国体は国家の魂であり、政体はその身体であった。国家の本質（国体の本義）は永遠不滅の国家のイデアにほかならない。

滝沢の国家論はプラトンの『国家』に生き写しである。イデア界と生成界との不可逆的な区別は、世界を縦の方向に秩序づけるものであり、国家における中心と周辺との不可逆的な区別も、人と人との関係を縦の方向に秩序づけるものとならざるを得ない。花咲皋平は「著者の行論を追うと、君主制の積極的弁証はなされるが、民主制の積極的弁証はなされがたい様相を呈している」[19] と指摘している。西田哲学では「場所の自己限定」に逆対応した「個と個の相互限定」から、無限に多様な個と個の関係を横から横へと水平的につなぐ共同性がでてくるが、滝沢神学では神と人との不可逆な関係から、人と人とを上から下へと垂直的に秩序づける縦の関係性しかでてこない。滝沢神学は対象論理的思惟の究極の限界をプラトン哲学と共有している。そこに場所論的転回はない。そしてまさにその一点において滝沢神学は西田哲学と明確に区別される。

五

滝沢神学と西田哲学は場所論的転回の以前と以後で明確に区別される。そこには薄皮一枚へだてて無限の距離が横たわっていた。そしてその距離はこの二人の思想家の天皇制に対する立場の際立った違いとなって現れている。これまで見てきたことから明らかなように、滝沢神学は天皇制を基礎づけるための哲学であり、天皇制と内的に結びつく論理的必然性があった。しかし「西田哲学は天皇制を基礎づけるための哲学ではなく、天皇制と内的に結びつく論理的必然性はない」(20)。滝沢克己の国体論的言説は滝沢神学の論理から生じた必然的帰結であるが、西田幾多郎のそれは西田哲学の論理から生じた必然的帰結とはいえない。西田の一連の発言にまとわりつく国体論的言説は、西田哲学の用語を用いた天皇制の基礎づけと見なすこともできるが、哲学的には完全な失敗であり、西田哲学の論理を覆い隠しているベール以上のものではなかった(21)。

天皇制は場所的論理的思惟の地平に成立する事物を対象論理的思惟の枠組みで管理する構造をも

ち、それゆえ場所論的転回の可能性を場所論的転回以前の枠内に封印する体制としてある。それは対象論理的思惟の究極の限界に直面し、その限界線上に場所論的転回以前の枠組みを守るために構築された体制であり、それゆえ場所論的転回の可能性を可能性のまま封印する構造であった。[22] そこには世界を縦の方向に秩序づける体制がある。滝沢神学はこのような体制を基礎づける哲学にほかならない。それは場所論的転回の可能性を抑圧し、場所論的転回以前の枠組みを擁護する論理としてあった。封印を解除することなどできるはずもなかった。これに対して西田哲学の論理はこの封印を解除する力を秘めている。それは場所論的転回以前の枠組みを内から解体し、場所論的転回の可能性を場所論的転回以後の世界へと解き放すものとなっている。[23]

場所の自己限定には逆対応のゆらぎがともない、このゆらぎが不可逆的な時間を生みだす。そしてこの不可逆的な時間のゆえに、無限に多様な個と個の相互限定の世界が可能となる。こうして歴史的世界に逆限定された無数の個はいずれも取りかえのきかない、かけがえのない唯一的個であり、いずれかの個が他の個に対して特権的な地位にあると主張することはできない。イエスや天皇といえども、そのような特権的な地位は保証されていない。それゆえ歴史的世界において典型的な存在であることを排他的に主張することもできない。第二義のインマヌエルにおける相対的に不可逆な関係は、縦方向に中心と周辺との不可逆的な区別として現成するのではなく、横方向に相互に交換不可能な個と個の関係として現成するものでなければならない。しかしそのような関係が第一義のインマヌエルにおける絶対に不可逆な関係からでてくることはない。

滝沢は西田哲学の逆対応には不可逆の契機が十分でなく、不徹底であると批判しているが、滝沢神学の不可逆は歴史的世界における不可逆的な時間も、無限に多様な相互に交換不可能な個と個の関係も説明することができない。西田哲学の逆対応は歴史的世界の多様性を基礎づけることができるが、滝沢神学の不可逆は歴史的世界の多様性を疎外する論理となっている。神と人との絶対に不可逆な関係は、すべてに先立つ究極の根底ではなく、全体的一と個物的多との矛盾的自己同一の関係であり、絶対無の場所に成立する関係であった。滝沢は神人の原関係が絶対無の場所に成立する関係であることに十分自覚的であったとはいえない。滝沢の西田に対する批判は対象論理の平面からなされたものでしかなく、場所的論理の地平にまで届いているとはいえない。滝沢の「回心」は対象論理的思惟の枠内での転回であり、場所論的転回ではなかった。(24)

六

滝沢神学は国体護持の闘争を通じて国体護持の哲学として形成された。それは一君万民の国体論を基礎づける論理としてある。そこでは一君と万民との不可逆な秩序が神と人との不可逆な関係によって正統化されている。それは西田哲学ともバルト神学とも異質な哲学であるといわねばならない。滝沢神学が宗教間対話に道を開いたことは確かだが、それは排他的な宗教意識をもたない日本人が、天皇と国体のもとで育まれてきたことを寿ぐためであったと考えることもできよう。彼は真正の国体論者であった。しかし問われるべきは滝沢が国体論者であったかどうかではなく、その哲学の妥当性でなければならない。このような彼の「独特の思考」について、三島淑臣はつぎのように述べている。

無論、こうした先生の独特の思考に問題がないわけではない。例えば、かの「神人の原関係」を厳密に客観的かつ「科学的」に捉えるという先生の基本的意図が（「死すべき人間」において）果たして先生が考えられていたような形で貫徹可能なのか、また、先生の人間存在理解において神―人の垂直的関係が圧倒的比重をしめ、生身の人間的生に組み込まれた根源的「共同性」という水平的契機の重要性が十分考慮されていないのではないか、等々、といった問題である。(25)

これまで見てきたことからすでに明らかなように、ここで指摘されている点は、いずれも滝沢神学の究極の限界にかかわる問題である。滝沢は客観的で科学的な認識の限界に無自覚であった。彼の「客観的」や「科学的」という概念の理解は、古典力学に代表される近代科学の水準にとどまり、量子力学以後の現代科学にまでその射程は届いていない。滝沢は主観から独立に客観的世界が存在し、それを対象的に余すところなく明晰判明に認識できるという確信を抱き続けたように見受けられる。そこには対象論理的思惟の独断に足をとられた滝沢の姿がある。量子力学の誕生は現代科学の成立であり、そこには自然認識における革命的な変革があった。(26)量子力学以後の現代科学における客観性や法則性の概念の変更をふまえた議論がなければならない。

水平的な「共同性」の重要性は滝沢神学に欠落しているもっとも深刻な問題であるといえよう。

一君万民の国体論は一君を離れた万民の存在を許容しない。それゆえ万民と万民の関係は、つねに一君との縦の関係を媒介することでしか形成されない。それは万民を天皇と国体という自閉的空間に封印するものにほかならない。われわれはその自閉的空間を解体し、万民を世界へと解き放す論理を必要としている。滝沢神学の不可逆の思想がその課題に応えるものでないことはいうまでもない。天皇と国体を永遠不滅なものと見なすことは、歴史的世界に逆限定された相対的形を、歴史をこえて存続するものとして神秘化し神格化することであり、非歴史的な思考でしかない。不可逆的な時間が生みだす歴史的世界の多様性をふまえた議論が必要であるといえよう。

天皇制神話と天皇制国家は歴史のある時点で生まれた相対的形でしかなく、非歴史的に永遠不滅のイデアとして存在するものではない。歴史的に長期にわたって存続してきたからといって、これからも未来永劫にわたって変わることなく続いていく保証はない。天皇制の成立と存続が可能となった歴史的条件を解明し、それをふまえた議論をしなければならない。(27) 滝沢神学の論理はそのような思考の可能性を閉ざすものといえよう。滝沢は一君万民の国体論の前に立ちすくんでいる。滝沢が立ちどまった地点にとどまることはできない。一君万民の国体論を解体し、一君を必要としない万民と万民の関係を横から横へとつなぐ共同性を追求すべきであろう。

注

（1）家永三郎「日本人の思想としての仏教とキリスト教」『家永三郎集』第三巻（岩波書店、一九九八年）二二五―二四九頁、鈴木亨「滝沢克己の遺された解明すべき問題点」『鈴木亨著作集』第五巻（三一書房、一九九七年）三七二―三八九頁、他参照。

（2）滝沢克己「誠と取引」『神のことば人の言葉――宗教・歴史・国家』（創言社、一九八五年）一六六頁。滝沢の著作からの引用は、読みやすさを考えて、旧字・旧仮名は新字・新仮名にあらためた。以下同じ。

（3）同右書、一九〇頁。

（4）同右書、富吉建周「あとがき」二四四頁。

（5）同右書、二四七頁。

（6）滝沢克己「神、人間および国家――いわゆる『天皇制』批判の方法に関する一省察」『滝沢克己著作集』第九巻（三一書房、一九七四年）三六七頁。

（7）滝沢克己『バルトとマルクス』（三一書房、一九八一年）一二五―一三〇頁参照。

（8）杉田俊介「宗教多元主義思想についての批判的考察――滝沢克己を中心に」『基督教研究』（基督教研究会）第六九巻、第一号、二〇〇七年六月、三八―五四頁、同「戦後の滝沢克己におけるキリスト教と国体思想――宗教間対話との関連で」同右誌、第七〇巻、第一号、二〇〇八年六月、七五―九一頁参照。

（9）滝沢克己『カール・バルト研究』（『滝沢克己著作集』第三巻、法蔵館、一九七五年）三三九―三四〇頁参照。

（10）同右書、三三六―三四六頁参照。

（11）同右書、四三三―四六四頁参照。

（12）前田保『滝沢克己――哲学者の生涯』（創言社、一九九九年）九六頁。

(13) 前掲『神のことば人の言葉』二〇三―二一七頁参照。
(14) 同右書、二〇四―二〇五頁。
(15) 同右書、二〇七頁。
(16) 拙稿「地球社会学の構想――地球共和国への道」季報『唯物論研究』(季報『唯物論研究』刊行会)第一二九号、二〇一四年一一月、九六―一〇八頁参照。
(17) 拙著『全共闘運動の思想的総括』(北樹出版、二〇一〇年)一八八―三〇二頁参照。
(18) 大橋良介『西田哲学の世界――あるいは哲学の転回』(筑摩書房、一九九五年)参照。
(19) 前掲『滝沢克己著作集』第九巻、花崎皋平「解説」五二五頁。
(20) 竹内良知『西田幾多郎と現代』(第三文明社、一九七八年)一〇〇―一〇一頁。
(21) 前掲『全共闘運動の思想的総括』一九三―二〇八頁参照。
(22) 同右。
(23) 同右。
(24) そこには神秘的直観と行為的直観の混同がある。
(25) 三島淑臣「『共苦の人』滝沢克己」三島淑臣監修『滝沢克己を語る』(春風社、二〇一〇年)五頁。
(26) 拙著『核時代の思想史的研究』(北樹出版、一九八五年)、他参照。
(27) 拙著『日本革命の思想的系譜』(北樹出版、一九九四年)、他参照。

4　労働の二重性から人間存在の二重性へ

鈴木一典

第一節　問題の所在

滝沢克己ほど恵まれた環境で思想形成した思想家は、極めて稀であると思う。滝沢は西田幾多郎に哲学を学び、留学してはカール・バルトに師事する機会を得る。自らの依って立つ確かな思想的足場を固めた滝沢は、戦後『資本論』を本格的に学ぶことになる。しかも『資本論』の読み方を直接宇野弘蔵に学ぶという、稀有なる機会を得るのであった。そして何より滝沢が恵まれていると思うのは、京都学派や宇野派のような門弟間のしがらみに縛られるようなことが、一切なかったことである。滝沢は常住不断に「マージナル・マン」であることによって、自由な思索が可能となり、自らの問題意識を貫くことができたのである。それはマルクス研究においても、同様であった。

滝沢が『資本論』に向かった時、最も関心を持ったのは、「労働の二重性」論ではなかったろうか。労働の二重性をいかに理解するのかは、経済学理論全体の根本的性格の試金石であるといっても過言ではないからである。滝沢は労働の二重性論を通して、マルクスが人生・社会の根基について確かな視点を有していることを直覚したのだと思う。それに対して滝沢はマックス・ヴェーバーについては、ほとんど評価していなかった。マルクスが人間存在に固有な弁証法的規定（労働の二重性）について、深く認識していたのに対して、ヴェーバーは理念型などの概念にみられるように、現実の真実相に肉薄するとは言い難いと考えていたのである。爾来滝沢は労働の二重性論を中心として、自らの『資本論』研究を深めていくのである。

ところが滝沢が提起した問題について、世の所謂経済学者たちは正面から応えることはなかった。宇野弘蔵の還暦記念論集に発表された論稿でさえ、正当に評価されず、宇野派経済学研究の基礎文献の中にすら滝沢に関する記載はないのである。数少ない批評の一つは、次のようなものである。宇野の高弟である降旗節雄は、滝沢の宇野経済学理解について、「氏の宇野理論把握は正確であり、その評価は的確です。…中略…氏の宇野理論理解は一きわ鮮やかです」と、滝沢の宇野理解を高く評価している。しかしその反面で、「氏の積極的提言は、曖昧な言葉の乱舞に終っており、到底まともな理性的認識にたえうるものではない」と結論するのである。

本稿において、労働の二重性から人間存在の二重性へという視点が、降旗の言うように、「まともな理性的認識にたえうるものでない」かどうか、検討を加える中から、真実経済学原理論の根基について考察したいと思う。

第二節　「労働の二重性」と経済学原理論

周知のように、マルクスは『資本論』首章第二節において、労働の二重性（Doppelcharakter der Arbeit）に触れて、次のように述べている。

商品に含まれている労働の二面的な性質は、私がはじめて批判的に指摘したものである。この点は、経済学の理解にとって決定的な跳躍点である。(1)

マルクスは抽象的人間的労働の発見が、彼の価値論の特徴をなし、『資本論』の「最良の点」のうちの一つと論ずるのである。またそれは同時に古典派経済学への批判を完成するものと考えていた。

古典派経済学の一世紀半以上にわたる諸研究の批判的最終成果である。

とも述べている。(2)

商品が使用価値と交換価値という二重のものをもつとすれば、商品に表示される労働もまた二重性をもたねばならないという簡単なことを、経済学者たちは例外なく見落としたのである

が、…中略…これこそ、じつに、批判的把握の全秘密なのである。(3)

以上からして、労働の二重性の把握をマルクスがいかに決定的なものとして重大視していたのかがわかる。ところがマルクス研究者のほとんどが、一体なぜ労働の二重性の把握が、「現実の理解がすべてこれにもとづ」く「経済学を理解するための軸点」であるのか、という点になると明確ではない。それどころか、そもそも労働の二重性が、商品経済にのみ特有なものとする研究者が後を絶たないのが現実なのである。

マルクスは、具体的有用労働について、次のように述べている。

人間の、すべての社会形態から独立した存在条件であり、人間と自然とのあいだの物質代謝を、したがって人間の生活を媒介するための、永遠の自然必然性である。(4)

具体的有用労働が歴史貫通的な性格を有していることは明確だが、抽象的人間労働に関しては、すべての社会形態から独立したものであるというような指摘は、マルクスのテキストのどこにもない。したがって交換価値、価値形成＝増殖過程が資本主義を特徴づけることは疑いないとしても、一方で抽象的人間労働も同じように、資本主義社会にのみ特有な規定であるとの見解が生ずるわけである。抽象的人間労働を歴史的カテゴリーとみるか、あるいは超歴史的カテゴリーと理解すべきかの対立は、戦前の「ルービン v.s. コーン論争」に起源をもつ。戦後は超歴史的と理解した宇野弘蔵[5]に対して、「一定の社会的関係からの被媒介的な反照規定」[6]とする廣松渉や、「交換過程の所産」[7]と理解する平田清明の見解などがある。

労働の二重性論に関して、紙面の関係上詳細に検討を加えるわけにはいかないが、筆者は労働の二重性を直接商品の二重性に結びつけてしまっては、労働の二重性の真実の意味が、完全に見過ごされてしまうように思う。労働の二重性が歴史的カテゴリーとする把握からは、「いかなる社会形態のもと」にも存在する「人間労働一般としての労働の支出」が、資本主義社会においてのみ、「抽象的・人間的労働としての商品の価値に対象化」されることによって、「社会的役割を演じるもの」と理解される。しかしそれは商品生産労働が、すべての労働はその本質において「人間労働力一般の支出」であり、「社会的総労働の一部分」であるという労働の本質規定に背離した私的労働であるためである。その結果において労働の本質規定は、経済法則として強力に作用するのである。

確かに資本主義に先行する社会においては、労働の二重性はなんらの社会的役割をも演じていないように見える。だがそう見えるのは、資本主義に先行する社会における個々の労働が、同時に直接的に社会的な形態だからであり、労働の本質規定に消極的にではあるが、照応しているからに他ならない。かくして、「いかなる社会形態のもと」にも存在する「人間労働一般としての労働の支出」が、資本主義社会においてのみ、「社会的役割を演じる」ものとなるのである。だから「抽象的・人間的労働」については、商品の交換価値の分析を抜きに認識することは原理的に不可能なのである。以上のように把握しうるとすれば、「人間労働一般としての労働の支出」と「抽象的・人間的労働」とを故意に切り離す必要はない。「抽象的・人間的労働」を資本主義に特有な「歴史的・

特殊的な範疇」とすることは、資本主義とその他の社会との本質的な同一性と差異とを、明確に把握することを妨げることになる。

抽象的人間労働は人間の生理的、肉体的な支出として、共通な「人間労働力一般の支出」と考えるべきである。資本主義社会における労働過程は、「人間労働力一般の支出」即「社会的総労働の一部分」という労働の本質規定に、真っ向から離叛している。ところが労働の二重性は、人間労働の本質規定であるため、資本主義社会における私的労働のように背離しても、その本質そのものを否定し去ることはできない。そのために逃れることのできない人間労働の本質規定は、独自の廻り道を経ながらも、なお法則的に自らを貫徹するのである。

歴史を超えてすべての社会に共通する社会的実体としての抽象的人間労働が、資本主義社会においては、「価値を創造する労働」として現象するという、二重の弁証法的な構造を解明することが経済学原理論の役割なのである。

第三節　「労働の二重性」の始原

「労働の二重性」が歴史的か、あるいは商品経済特有なものなのかについては、マルクス自身の中に相反する見解を読者に抱かせるような曖昧さがあったためである。価値の形態そのものは商品経済に特有なものであるが、その実体をなすものは、あらゆる社会に共通な社会的労働共同体そのものなのである。(8) 宇野は実体と形態を区別して、「経済原則」に対する形態規定を「経済法則」として明確に区別し首尾一貫させたことは、明らかに前進であったと思う。私的社会の背後には、社会的労働共同体が、私人の背後には、労働の二重性が実体としてある。だからこそ『資本論』においては、労働の二重性の把握を「経済学を理解するための軸点」として、かくも重大視するのである。

労働の二重性を把握するか否かは、マルクスの『資本論』が俗流の経済学と区別される最大の点でもある。しかし労働の二重性の把握でさえも、未だ現象論的な域を超えてはおらず、マルクスですら解明することのできなかった課題を、真に解明したのは滝沢克己その人であった。滝沢は労働の二重性を、客体的主体として、人間的主体に固有な弁証法的規定から必然的に派生する一つの規定と理解するのである。

この点について、まずはマルクスのテキストに返って検証したいと思う。例えば若きマルクスは宗教について、次のように述べている。

> 自己自身をまだ獲得していないか、あるいは獲得しながらもまた喪失してしまった人間の、自己意識であり、自己感情である。(9)

マルクスはフォイエルバッハの人間論に学び、人間を自己の類（Gattung）あるいは、自己の本質（Wesen）に関係せざるをえないものと二重に理解している。(10)マルクスは宗教を人間の自己自身（本質規定）との関係における転倒と捉えるのである。それは『経済学・哲学手稿』の中では、次のように論じられていることからも明確である。

たしかに動物もまた生産する。…中略…つまり動物は一面的に（einseitig）生産する。ところが、人間は普遍的に（universell）生産する。…中略…動物は自分自身だけを生産するにすぎない。ところが、人間は全自然を再生産する。[11]

動物も人間も、共に自然の中から生み出されたという意味では、同じであり、それを作り出した自然（能産的自然）の側からいえば、一つの客体である。しかし人間は客体でありながら、動物とは異なり、同時に主体であるという意味で、客体的主体である。作られたものでありながら、同時につくりゆくべき存在である。これが動物は一面的であるのに対して、「人間は普遍的に生産する」ことの意味なのである。労働の二重性とは、人間に固有のことであって、そもそも人間が動物と分かれた段階で成立した、人間労働の本質規定なのである。労働の二重性とは、絶対に所産的な一個の客体としてしか生産的主体的でありえない、まさに客体的主体として、何らかの形において物質的生産活動をしないわけにはいかないという、人間的主体の存在それ自体に固有な弁証法的規定から必然的に派生してくる本質規定なのである。人間の労働が本質的に二重の性格をもたざるをえないのは、こうした理由による。

客体的主体であるが故に人間は、自己を生み出した絶対的主体の意思を、限りなく映し出し、紡ぎ出していくべき存在である。ここに人間の労働が動物と異なり、一面的でなく普遍的なものにならざるをえず、一つの特殊な「具体的・有用労働」は、同時に一般的で普遍的な「抽象的・人間的労働」としての性格を持つことの理由なのである。かくして労働の二重性は、単に資本主義社会の労働にのみ特有な規定ではなく、実にすべての社会を貫く人間労働そのものの本質規定なのである。「特殊的有用労働」即「一般的抽象労働」という労働の二重性は、すべての社会のすべての人間労働の根底を貫き、これを規定するのである。マルクスは商品の二要因の背後に労働の二重性を見出すが、その把握こそはまさしく「現実即真実」（経済法則即経済原則）ともいうべき、現実社会を貫く二重性の発見であった。ここで筆者が現実即真実というのは、すべからく現実の背後には真実があり、人間が批判する前に真実から批判を受けているという意味である。

人間は絶対に所産的な、一個の客体としてしか生産的な主体ではありえない。客体的主体として物質的に生産的に活動をしないわけにはいかないという、人間的主体に固有な弁証法的規定から必然的に派生する労働の本質規定なのである。この構造と動力学を最も深い地点にまで遡源することこそが、経済学研究の真実の跳躍点と呼ぶに相応しいものである。

第四節　人間存在の根源的二重性について

人間の労働の根源的本質規定とは、「具体的・有用労働」（人間―自然）即「抽象的・人間的労働」（人間―人間）であり、労働の二重性こそが、まさに真実の主体なのである。人間はこの規定に従うことによってのみ、自由な主体でありえる。ところが資本主義社会においては、労働の二重性から離脱した「私的（privat）労働」であるがために、社会的労働共同体（＝経済原則）は、人間が従属しなくてはならない法則として貫徹するのである。私的に離叛するため、人間は物神的な仮の主体に支配され、客体に転化することになる。あらゆる社会に共通な「社会的実体」である「抽象的・人間的労働」は、物神的性格を伴い疎外の下に、商品の「交換価値」、「価値を創造する労働」として現象することになる。商品の二要因に固有の現実的な解決が、簡単な価値形態から、拡大された価値形態へ、そして一般的な価値形態から貨幣形態へと発展する。また貨幣の資本への転化として、他律的な廻り道を通して実現される。しかしそれは、労働力の商品化という矛盾を含むものであり、「恐慌の必然性」に象徴されるように、実に不安定極まりない社会となるのである。

いかなる社会においても、それが一社会として存続するためには、どうしても充足しなくてはならない原則がある。いついかなる社会にあっても、その社会が必要とする生産諸部門への社会的総労働の均衡のとれた配分を行わなくてはならない。資本主義社会においても例外ではなく、経済原則を商品形態をもって充足するところに資本主義の特徴がある。資本主義社会とは、経済生活一般の規定が、特殊な形態をもって、あるいは実体が特殊な形態の下に現われた社会なのである。したがって労働力の商品化によって、社会的再生産過程に対する支配が確立することになるのである。

残念ながらマルクスにおいては資本主義社会の形態規定と、その実体との間の区別と関係が、十分明確になっていなかった。これを宇野弘蔵が実体と形態として、「経済原則」に対する形態規定を「経済法則」として明確に首尾一貫させたことは、明らかに一歩前進であった。宇野が「形態―実体」、「経済法則―経済原則」、「現実―真実」という重層的構造を論理的に把握していたからこそ、労働力の商品化という、形態による実体の包摂を環とする資本主義生産過程の解明を通して、商品経済固有の物神的性格を明らかにすることができたのである。それはまた同時に再生産表式によって、商品経済の支配する社会的総体の物質代謝は、終局的に経済原則によって規定されることを明らかにするものである。

宇野は分離された形態と実体とを、資本主義社会において統一する根本的な秘密が、労働力商品の特殊性にあることに注目するのであった。こうして宇野は「労働力の商品化」概念を基軸として、原理論体系を構築していくのである。『資本論』研究における「労働力の商品化」概念の意義を、「南無阿弥陀仏」(『大蔵経』)と表現したことはよく知られている。そして宇野によれば、「それにしたがわざるをえない」、「人間的行動自身の原則」として、現実の背後にある真実との二重性の中に、経済生活を位置づけるのである。続けて宇野はマルクス経済学と近代経済学との対立としてあらわれているのは、「根本的にはこの点にかかっている」と論じている。(12)「労働の二重性」と「商品の二重性」とを、いわば「立体的」に、「労働の二重性」をすべての社会に通じる本質として、「商品の二重性」を商品経済社会における現象形態として把握する必要がある。但し、商品形態をもって経済原則を充足するという、資本主義社会のメカニズムを解明することが宇野の中心的な問題であって、残念ながら経済原則の存在論的意義を究明しようとはしなかった。

以上のような労働の二重性の把握でさえも、未だ現象論的であるとして、さらにもう一歩立ち入って人間存在の根源的な二重性にまで遡源しなければならないと主張したのが滝沢であった。滝沢は労働の二重性そのものを、もう一歩立ち入って分析することの意義を次のように述べている。

経済学の理論の内部におけるさまざまな難問を解く鍵を与えるばかりでなく、ひいてはさらにひろく、人間生活の物質的側面と狭義において精神的な側面との区別と関係、人間の生活・歴史の全体を真に客観的科学的に取扱うために、一つの新しい手がかりを提供することにもなるであろう。[13]

私人（Privatmensch）とは、人間と人間、人間と自然との間の根源的連帯関係から離叛し、各々独立自由な主体であろうとする人間である。本来一個の客体としてしか生産的主体でありえないにもかかわらず、不可逆的な包摂関係を素通りして支配的な主体たろうとするのが、私人（近代的経済人）なのである。こうした近代的経済人それ自体に固有な弁証法的規定のうちに、「批判的把握の全秘密」の真実の答えが隠されているのである。しかしそれは労働の二重性を経済学研究の跳躍点とするだけでは不十分である。「客体的」即「主体」の立場として詳細に検討することが、きわめて重要な課題となってくるわけである。原理論研究の跳躍点である労働の二重性の批判的意味を、客体的主体の立場から経済理論として統一すべきなのである。そして、その意義を通して客体的主体という立場そのものの成否を論証していきたいと思う。

労働の二重性の把握を、かくも重大視したマルクスであったが、労働の二重性の本当の意義について、古今東西のマルクス研究者はもとより誰一人として解明することができなかった。滝沢哲学をもって、初めて明らかにされたと言っても過言ではない。かつて宇野は自らの原理論研究について、しばしば「ノーベル賞もの」と自画自賛していたが、滝沢の「業績」は、宇野をはるかに凌駕していると言わなくてはならない。(14)

第五節　経済学研究への批判的立脚点

マルクスはバルザックの『人間喜劇』の影響を強く受けており、『資本論』を完成させた暁には、バルザックの研究をしようと考えていたようである。(15) バルザックが人間喜劇においてテーマとした、貨幣の持つ呪物的性格への批判は、『資本論』においても本質的に解決されてはいない。資本主義社会の私的性格なるものも、マルクス経済学の研究では首尾一貫して論証されたとは言い難いのである。なんとなれば商品の背後にある商品所有者（私人）は、社会的労働共同体からの背離という面と、もう一方で絶対的主体（神）からの背離という性格を持っているからである。

「個即類」、「自然即人間」という労働の二重性を基軸とするマルクスの経済学批判では、せいぜい金や貨幣への呪物的性格への批判に止まるものである。しかも絶対的主体即客体的主体（神即人）の決定的欠如のゆえに、「個即類」、「自然即人間」も、さらにはその回復やその実現の原動力をも根本において喪失せざるをえないのである。

自己自身の根源的本質に対する離叛は、必然的に自己と他の物、自己と他の人々との間の分裂として現れないわけにはいかない。かくしてマルクスの物神性論は、「個即類」の次元に止まるものであり、「神即人」の次元においては、逆にマルクス自身が、人間主体の物神化（人神化傾向）から脱することができない。その結果として呼び起こされた物神の支配と、生態系の破壊はマルクスに導かれた社会主義においても免れないのである。

客体的主体とは人間存在の第一規定となるものであり、これが人間の原点である。この客体的主体という人間存在の二重性にまで遡源することなくして、金や快楽、あるいは学問や名誉などといった価値が、私人の偶像神となっている事実を批判的に分析することはできない。「神即人」の次元によってこそ、経済成長至上主義や阿片としての革命、学問や名誉など、この世の力あるものを自らの支えにする疑似宗教現象を批判的対象とすることが可能となる。物神性論の根本問題の論究は、まさにこの次元にまで根底的に掘り下げ論ぜられなければならない。実は『資本論』そのものは、このような論究への手がかりを我々に与えているのである。

金は鋳造された自由である、だから完全に自由を奪われた人間にとっては、それは普通の十倍も尊いものである。(16)

これはドストエフスキーの言葉であるが、孤立的なままで独立自由であろうとすれば、貨幣をわが物にするほかに、自由に至る道はないのである。商品の等価形態から拡大された価値形態を経て、一般的価値形態へ、貨幣に至るまでの商品形態の発展、貨幣の資本への転化、労働力の商品化などは、孤立的に自由な主体たろうとしたことによる、不可避的な連鎖なのである。労働の二重性という本質規定は、より具体的な形態規定の展開をともなうのである。こうして人間労働の根底にある私人の内的生活が物欲を生み、そしてその物欲そのものが政治や学問、教育など、ありとあらゆるものを呑み込み従属せしめ、自然と人間を破壊せずにはおかない。私人の物欲がかくも一般的、支配的になり、今日のグローバリズムにまで至るのも、私人の根底に巣食う精神的空洞がたえずこの体制や論理を支えているからに他ならない。

貨幣蓄蔵→貨幣の資本への転化→資本蓄積という、資本の本質規定についても、人間の精神的生産の在り方と不可分である。私人自身の内的生活が資本の論理を生むのであって、体制はこれを助長するが、その主たる原因ではない。マルクス経済学の最良の理論的成果である宇野弘藏による労働力商品化の止揚、平田清明による個体的所有の再建という主張は、その限りでは正当なものであると思う。しかしそれをいかにして可能ならしめるかという、根本のところが欠落するのである。マルクス自身は人間存在の二重性への分析視角を、不十分ながらも感得していながら、はっきりと理論化するには至らなかったのである。ところがマルクスのエピゴーネンたちは、労働の二重性の真意すら見失ってしまったのである。

人間は客体的主体であるのに、それとも知らず絶対的主体になろうとするのが人間の私心（原罪）であり、この傾向が諸悪の根源である。絶対主体に成り代わろうとする不逞な人間の傾向を、筆者は絶対主体化的傾向（人神的傾向）というのである。私するとは、生命の原則に叛いて絶対的な主体に成ろうとすることであり、まさにこれが根本のことである。

人間の自己自身との関係性の中にこそ、あらゆる疎外現象の根源がある。筆者はこれを自己自身の私的所有という意味で、根源的な私的所有というのである。人間と生産物との間、他者との間における分裂や、差別や敵対的対立の根本原因を根源的私的所有のうちに突き止めることができなければ、ここから派生する二次的、三次的なものをあたかも根本のこととして見誤ってしまうのである。だから大方の社会主義者たちは、現象的な私的所有のみを批判の対象としたのである。この自己疎外現象を、根源から批判するためには、人間存在の二重性に立脚しなければならない。

『資本論』の副題は、「経済学批判」であるが、労働の二重性を人間の本質とする経済学批判では、極めて表層的な私的所有しか対象にすることができなかった。マルクスが人間を、徹頭徹尾客体的に定められた主体とは考えていないことが躓きの原因である。それに対して、人間存在の二重性に立脚する経済学批判では、「私の所有」ともいうべき、人間の根本的な僭越への批判が可能となる。人間存在の二重性を人間の本質とする経済学批判は、資本主義社会の原理を問うだけでなく、さらに社会主義への批判的把握のための方法論をも同時に提起するのである。

労働の二重性論に立脚する経済学批判では、商品の背後にある商品所有者（私人）が、社会的労働共同体から背離したことへの批判に止まる。それに対して人間存在の二重性に立脚する経済学は、さらに根源的に客体的主体としての自己成立の原点からの離叛であることを批判するのである。人間の原決定からの離叛は、自分自身の絶対化ともいうべき、「人神化」を意味するのである。キルケゴールが『死に至る病』の中で深く論理的に分析したように、神からの私人の背離という側面から社会を照射しなくてはならない。誤解を恐れずに言うなら、人間の「神」からの背離についても、批判的に対象化することが可能となるのである。

キルケゴール、バルトの思想的流れに即して、「神即人」の原点の根底的把握が必要である。バルトは神学の役割について、「その核心においては、批判的な、いや革命的でさえある」[17]と評するが、これは誇張などではない。こうして客体的主体の立場から、経済理論を統一していくことが求められているのである。

まさに経済が中心となり精神を失った時代である資本主義社会を、根底から批判するはずの『資本論』は、その意図に反して時代の影響を受けてしまったのである。だからこそ大方の原理論研究者は、「物神性論」というものの、せいぜい人と人との関係がモノとモノとの関係として現れるといった程度の分析しかできない。マルクスが重ねて「物神性」(Fetisch)を論ずるに際して、絶えず「偶像神」(Abgott)と対比し、並行的に論じた意義すら認識することができない。商品・貨幣・資本という物神性は、同時に偶像化の問題と見分けがたく一体になっているのである。マルクスは貨幣の謎を解き明かすのに際して、しばしばキリスト論を引用するが、これは偶然などではない。

メルロ＝ポンティは『資本論』を、具体的『精神現象学』[18]と定義するが、貨幣蓄蔵や資本蓄積というような、純粋に経済的な事象も、その実人間精神のドラマと不可分であることをマルクスは気づいてはいたのである。気づいてはいたものの、遂に理論化することはできなかった。

共同体の崩壊において現れる私人とは、物心両面における共同体的規制からの離脱でもあった。原理論研究者に不可視であったのは、自己の根源(神)からの離脱であり、神・人の地位の簒奪である。人間存在の二重性からの離叛は、人間の保持する人間性をはるかに超えた神性からの離叛にこそ根本原因をもつというべきである。それは外部的な社会制度や環境によって規定されるというよりも、むしろ本質的には、人間性の内奥にこそ起源を持つといわなければならない。滝沢のマルクス研究は、まさにこの決定的な一点に焦点が絞られており、滝沢の方法論こそ、継承し発展させなければならない経済理論なのである。

『資本論』研究の根本問題は、「個即類」、「自然即人間」から「神即人」、「神即自然」へ、労働の二重性から客体的主体へと、徹底的な理論的掘り下げを行う必要がある。そしてそこから翻って『資本論』の全人生・全社会における位置と比重を、厳密に捉え返すべきなのである。

現在支配的な経済学は、地球環境問題の根本原因となる人間の欲望の二重性や、社会主義に欠落していた精神生活の独立的定義を理解することはできない。客体的主体という人間存在の根源的二重性においてこそ、精神的生産固有の法則性の認識が可能となるのである。

以上から筆者は、労働の二重性が人間労働の本質規定であり、『資本論』の全体系を貫くものとして把握するだけでは、不十分であると考える。経済学批判の根底的把握は、労働の二重性ではなく、客体的主体の把握と不可分であり、人間存在の二重性にまで遡源しなければならない。

このように考えてくると、滝沢の研究視角が、マルクスの研究者からいかに無視されようと、決定的に重要であることがあらためて痛感される。滝沢の「絶対的主体即客体的主体」を経済学研究の跳躍点として、これまでの原理論を徹底的に検討し、内在的に「人間存在の原点」という根本問題を析出していき、そしてこれを基点として広義の経済学へと具体化しなければならないと思う。

注

（1）マルクス『資本論』岡崎次郎訳、国民文庫版、第一分冊、大月書店、八三頁。
（2）マルクス『全集』第三十六巻、大月書店、三六頁。
（3）マルクス「エンゲルスへの手紙、一八六八年一月八日付」岡崎次郎訳『資本論に関する手紙』法政大学出版局、一八七頁。『全集』第三十二巻、大月書店、一〇頁。
（4）マルクス『資本論』岡崎次郎訳、国民文庫版、第一分冊、大月書店、八五頁。
（5）宇野弘藏『価値論』河出書房、一九四七年。
（6）廣松渉『資本論の哲学』現代評論社、一九七四年。
（7）平田清明『経済学と歴史認識』岩波書店、一九七一年。
（8）宇野弘藏「岩波全書経済原論」『宇野弘藏著作集』第一巻、岩波書店、一九七三年、六七頁。
（9）マルクス『ヘーゲル法哲学批判序説』『全集』第一巻、大月書店、四一五頁。
（10）フォイエルバッハ『キリスト教の本質』船山信一訳、岩波文庫、上巻、四七～四八頁。
（11）マルクス『経済学・哲学草稿』城塚登・田中吉六訳、岩波文庫、一九六四年、九五～九六頁。
（12）宇野弘蔵「経済学方法論」『宇野弘藏著作集』第九巻、岩波書店、一九七四年、七頁。
（13）滝沢克己『「現代」への哲学的思惟』三一書房、一九六九年、一〇五頁。
（14）宇野弘藏『資本論研究五十年』上・下巻、法政大学出版局、一九七三年。
（15）ポール・ラファルグ「カール・マルクス、個人的な思い出」『マルクス回想』土屋保男編訳、国民文庫、一九六五年、一〇四～一〇五頁。
（16）ドストエフスキー『死の家の記録』工藤精一郎訳、新潮文庫、一九七三年、一一七頁。

(17) カール・バルト『福音主義神学入門』加藤常昭訳、新教出版社、一九六二年、一一四頁。
(18) M・メルロ・ポンティ『ヒューマニズムとテロル』森本和夫訳、現代思潮社、一九五六年、一二五頁。

II

5 〈究極の真理〉を求めて

――悟りとは何か――

前川　博

真理の探求において、私の人生は、三つの段階に分けられる。

第一は、傅大士の偈「空手にして鋤頭を把り……」の理解である。

第二は、滝沢思想との出会いである。

第三は、阿弥陀仏との遭遇である。

この根底に、宗教的体験等があるのは、いうまでもないことである。この決定的な体験によって、私は、無神論時代から有神論時代へと移行させられることとなった。もちろん、私の意志によるものではない。人間の努力には限界があり、人間を超えた大いなるものからの恩恵による体験があり、その体験によって初めて人生の難題が解決される、ということである。

一　悟り――その現象と実体

それは一九八二年（昭和五十七年）二月二十八日の出来事だった。第一の奇妙な体験は、突然やって来た。あまりにも現実離れした奇想天外な出来事だったので、私は最初、何が何だかわからなかった。

二月二十八日午後三時半、一心不乱に本棚を雑巾掛けしていた私は、冷たい水で雑巾を絞った瞬間、世にも奇妙なものを〈見た〉。それは、無姿、無形、不可視のものだった。それがわかった。遂に私は、〈神〉〈仏〉に出逢うことができたのである。私が〈神〉を見る眼は、また同時に〈神〉が私を見る眼であった。この時、私は一瞬にして、私の神秘体験を叙述した傅大士（中国六世紀の禅僧）の〈偈〉禅詩を了解した。

〈本当の私〉で、私は〈無〉であり、〈操り人形〉であった。「私は誰か？」ということがわかった。

空手把鋤頭　　空手にして鋤頭を把り、
歩行騎水牛　　歩行して水牛に騎る。
人従橋上過　　人、橋上従り過ぐれば、
橋流水不流　　橋は流れて水は流れず。

まさに「手の舞い、足の踏む所を知らず」という、生まれて初めての至福の状態が何か月も続いた。唯物論者・無神論者であった私は、一瞬の内に有神論者に変身させられてしまった。三十年近くも意味不明で、古代の神話かお伽噺だとばかり思っていた『聖書』を開いてみると、何と私と同じ体験（私の体験！）が記されているではないか。

わたしはキリストと共に
十字架につけられた。
生きているのは、
もはや私ではない。
キリストが私のうちに
生きておられるのである。

（「ガラテヤ人への手紙」第二章一九―二〇節）

幸運なことに、私は神秘体験によって、私それ自体は虚無、虚妄、幻影にすぎないことを見てしまった。従って、幻影である人間によって作られた思想、文学、芸術、哲学そして宗教でさえも、すべてが幻影の幻影、水泡であった。そして、幻影の私は、無姿無形の〈絶対無〉を根底とし支えとすることによって、初めて人間として成立するという不思議な構造に気づかされたのである。神と人間との根源的関係の構造である。（歌集『水は流れず』のあとがき　前川

博　不識書院　平成三年発行）

私の宗教的体験から九年後の出版であるから、九年後の時点における体験の叙述と理解、それに少しの分析によるものである。この後、二年後の一九九三年に「思想のひろば」誌が刊行された。体験から十一年後に、私は第一号の「インマヌエルの光を求めて――〈滝沢思想〉をめぐる私的な思想状況（第一回）」の中で、改めて当時の宗教的体験を次のように述べている。

第三は、二月二十八日午後三時半、自宅で起こった奇蹟的な〈宗教的体験〉である。西田哲学を理解し、〈シオンの娘〉の不思議な福音を聞かされても、私の精神には何ら決定的な〈変革〉は起きていなかったのである。世界的に難解で有名な西田哲学を理解することと〈宗教的体験〉とは次元が異なるのである。依然として絶望的状況の中で、書物を読む気力もなく、誕生日が過ぎていった。私は本棚を掃除し、ひたすら雑巾で拭いていた。初めは手が冷たかったが、何度も雑巾を絞っているうちにすべてを忘れていた。

ふと気がつくと、私は雑巾を絞っているのに、私は雑巾を絞っていなかった。私は雑巾を絞っていないのに、私は雑巾を絞っていた。私はそこに、まざまざと無姿無形の不可思議なものを見た。その時、私は〈蜃気楼〉のような、〈空蟬〉のような〈空無〉の存在となっていた。〈私〉は存在せず、私の〈意識〉は私の身体の外にあった。〈無姿無形〉のものは、まぎれもなく〈本当の私〉〈真の自己〉であった。私の意識は一瞬のうちに〈変革〉され、私は傅大士の

偈〈禅詩〉を理解した。(「思想のひろば」第一号　一九九三年六月二十六日発行)

体験重視の立場から、当時、傅大士の偈〈禅詩〉を体験に即して次のように説明している。

私たちは、本当は手を使わないでペンや鉛筆を持っているのである。手でペンを持っているが、手でペンを持っているのではない。私たちは毎日歩いているが、本当は全然歩いていないのである。歩いているように見えるが、実はすばらしい〈水牛〉に乗っているのである。人が橋の上から過ぎれば、橋は流れてしまう。橋はいつかなくなってしまうから、橋が流れていることは理解しやすい。しかし、最後の「水は流れず」は難解である。

川の水は毎日流れている。行く川の水は絶えずして、といわれている。水は流れる。水は流れている。聖人君子といわれる孔子も川のほとりで「行くものはかくのごときか。昼夜をおかず」といっている。誰でも水が流れているのを見ている。たしかに水は流れている。しかし本当は、水は流れていない。水が流れるなんていうことはないのだ。だって水が流れているじゃないか。そうだ、水は流れている。水は流れているままで流れていないのだ。水が流れているままで水の流れがピタリと止まる。宇宙が始まって以来、水が流れたことなど一度もなかったのである。そうだ、水は流れない。水は流れず。水不流。この時、人間に本来の幸福が戻って来る。すばらしい至福の時がやって来る。生まれてからずっと、幸福は私たちの存在を離れたことなど一度もなかったのである。物事はすべてそのように為されているのだから、私たちは本来、ことさら何かをする必要など全くなかったのである。何もする必要はないのだ。無為にして為さざること無し、というのはこういうことである。荘子が大声で笑うのは、こういう時であろう。（「思想のひろば」第1号）

この部分は、「前川博「東洋神秘主義としての老荘思想の〈道〉タオ」――タオとは根源的にどういう存在か、そして西洋人はどう把握しているか――」（『鎌田正博士八十寿記念漢文学論集』（大修館書店）所収（平成三年（一九九一）一月七日発行））からの引用であるが、偶然にも歌集『水は流れず』の発行と同時である。体験の叙述の発展はあるが、基本は変化していない。また、この部分は、私の体験の原点であるばかりではなく、禅の本質・「悟り」としても重要であるが、以前からネットに載っている（覚醒体験・前川博で検索）ので、参考にしていただければ幸いである。

「水は流れず」とは、変な話である。常識的におかしい。では、一体、何が流れているのか？それとも、流れるものなどないのか？　山田無文と鈴木大拙は、次のように述べている。

空手にして鋤頭を把る、なんにも持たずに、鍬を持って畑を耕やす。歩行して水牛に乗る、歩いておってしかも牛に乗っておる。橋の上から川の流れを眺めると、橋はさっさと流れるが、水は少しも流れておらん。（山田無文『わたしは誰か』しんじん文庫第4集　春秋社）

空手で鋤の柄を摑んでいるということである。

歩いていて牛に乗っている。

橋の上を通ると、橋は流れて水は流れない。

矛盾に満ちた言いあらわしかたである。ふつうの常識で見ている世界では、こういうことは不可能の事実と考えなくてはならない。

空手であるから何もないのである。鋤の柄でなくとも、何ものも空手の中にあるべきわけはない。空手ということが、すなわち、その手の中に何もないということなのである。

もう一つ言い換えると、何もなくて、何かあるということになる。また逆にして、何かあるが、何もないということにもなるのである。これはどうか。

歩いて牛に乗っているということも、橋が流れて水が流れないということも、同じことである。

有ることが無くて、無いことが有るのである。

般若で、般若でないということになる。般若でないから、般若だということになる。

手の中に鋤はある。橋の上を人は通っている。水は流れている。

否定が肯定せられ、肯定が否定せられている。これは常識的には一種の謎のようなことにも取られよう。（鈴木大拙『金剛経の禅』）

「悟り」によって、鋤を持つのは神の両手であり、わが両手ではない、と自覚するとき、わが果たすどの行為も自己以上のものに直接相通じ、その意志を反映してくる。それゆえキリスト教徒はいう、『御意（みこころ）のままを成し給え、我が意のままを成さんとにあらず』）と。（鈴木大拙「悟り」　現代人の思想3「現代の信仰」　平凡社）

この「鋤を持つのは神の両手であり」という認識は、仏教と禅仏教を超えた深い認識であり、キリスト教の本質に迫るものである。「悟り」を神との関係で把握し説明したのも、鈴木大拙が史上初めてだと思う。傅大士の偈〈禅詩〉は、キリスト教の本質をも内包する深い「悟り」なのである。

・悟りとは何かと問ひて答へけり橋は流れて水は流れず

二　滝沢思想――本覚と始覚の関係性

私は、何時、滝沢思想に出会ったのか。

私が初めて滝沢思想に出会い、滝沢克己という名前を知ったのは、「朝日ジャーナル」誌の「山本義隆・滝沢克己往復書簡上下」であった。日付は一九六九年（昭和四十四年）六月二十九日。何度も読んだが、「大いなる決定」という言葉が何を意味するのか、全くわからなかった。私は直ちに、滝沢克己の『大学革命の原点を求めて』を買い求めて（昭和四十四年十月十七日）、熱心に読んだが、よくわからず、どこに置いたのか忘れかけていた。それを、一九八二年（昭和五十七年）改めて開いてみた。体験から二日後のことだった。一読して、即座に理解できた。言い知れぬ深い感動に襲われた。何という深遠な思想であろうか！　十三年の月日が流れていた。私は直ちに、滝沢克己著作集（法藏館）を始め、三一書房の滝沢の著作を全部、その他も買い求めて熟読した。要点は三つある。

（1）インマヌエルの原点（原決定）

（2）神人の不可分・不可同・不可逆の関係

（3）第一義（第一次接触）と第二義の関係

滝沢協会の会合では、原点については別に問題はなく、特に不可逆について多く議論された。そして、不思議なことに、第一義と第二義の関係については、ほとんど語られなかった。というより、悟り（始覚）の前にすでに「本覚」があるのだから、特に悟りにこだわる必要はないという雰囲気であった。インマヌエルの原点（原決定）があれば、それで十分だ、と考えられた。しかし、そこには大きな重要な問題が潜んでいた。これは古くからある大きな問題である。

この第一義と第二義の問題は、「衆生本来仏なり」に関する問題と同一のものである。第一義を強調する極端な立場からは、「衆生本来仏なり」なのだから、修行して悟る必要はない、という見解が生まれる。代表的なものとして曹洞宗の榑林皓堂博士（当時、現代曹洞宗学の第一人者）の見解がある。

見性禅は「己れを衆生の立場に引き下げ、改めて見性して成仏せよ」とするから「生仏（衆生と仏）相対」であり、「修証の二元論」である。しかし「生仏一如」「衆生本来仏なり」ということは「釈尊の正覚によって、また諸経典によっても、証明されている」のだから、「今さら改めて見性して自身の性（しょう）を確かめるまでもないことである」。「すでに先哲によって確証されていることを、ふたたび検討しなおすには及ばぬ」「それでは仏説経説を信じておらぬことになる」。それで、道元禅師は、「信」を学道の本基とされる。それに対して、見性禅は「疑」を学道の本基とする。——こういわれるのであります。

（秋月龍珉「道元入門」講談社現代新書）

榑林皓堂博士の見解に対して、秋月龍珉は反論する。

道元の「信」はただちに「仏祖現成」であり、「仏果位にあらざれば、信現成にあらず」という「信」でした。そういう「信」と、「すでに、先哲によって確証されていることを、ふたたび検討しなおすには及ばぬ。それでは仏説経説を信じておらぬことになる」といわれるような博士のいう「信」との間には、何か本質的な違いがあるような気がしてならない、ということです。私が思いますのに、博士の「信」は、まだ「凡夫の立場」が残っている信であり、そこにはやはり「生仏相対」の見が払拭しきれていないのではないでしょうか。「仏としての自己」を信じるといっても、やはり現実には、そのことをみずから凡夫の立場にいて、凡夫として言っておられると思えてならないのです。

そこにはっきりしていることは、「悟り」の体験がなければ、人は「仏の立場」には立ち切れない、ということです。

そこに「本証の体認」としての「悟体験」がなければならないのです。仏としての自己の立場に目覚めるのが、「悟」なのですから、これなしには、ほんとうの意味で「仏の立場」に立ち切ることはできません。「本証」の自覚があって、初めて「妙修」が妙修として生きて来る。しかし、自覚しようがしまいが、「本証」は本証ですから、自覚の有無にかかわらず「妙修」なのです。しかし、そんなことが言えるのも、自覚した人であって、初めて可能なのですから、やはり自覚が大事です。これを、「本覚」があるから「始覚」がある、「始覚」によって「本覚」がある、というのです。（同）

これらによってはっきりしていることは、榑林皓堂博士は悟っていない、という厳然たる事実である。この第一義（第一次接触）と第二義の問題、本覚と始覚の問題は、滝沢思想の「神と人との原点・インマヌエル」にとっても、重大な問題だったのである。

人は、どのようにして神を知るのか。神との接触によってである。神との接触は、「神からの接触」である。神からの接触によって、悟りが生起する。人は神に接触することはできない。神が人に接触することはできる。「神からの接触」があって初めて「神との接触」が成立する。これが、「不可逆」の深い根源的な意味である。そうだとすれば、悟りによらなければ神を知ることはできない。悟りは、第二義であり、始覚である。榑林皓堂博士のように、悟りを否定することは、神との出会い、または神そのものの否定にならないであろうか？　この事実は、滝沢思想にとっても、重大な意味を持って来る。「神と人との原点・インマヌエル」を体験・発見・認識するためには、神との接触がなくてはならない。そのためには「神からの接触」が絶対必要なのである。「神からの接触」とは、悟りであり、第二義であり、始覚である。滝沢思想では、ともすると、これが軽視されていたのではないだろうか。

それに、第一義のインマヌエルが優先されていたが、「神からの接触」による「神との接触」が生きたインマヌエルなのだとすると、悟りによる第二義のインマヌエルこそが、人の現実的な実感ではないのか。そして、この生きた現実的な実感によって、初めて第一義のインマヌエルが確認される。というよりも、悟りの中に初めてインマヌエルが現前するのだ。インマヌエルは固定されたものではない。それは動いている。その人が、その都度、捉えなければならない。滝沢克己が捉えたから、それで十分だ、などというものではない。このような重要な悟りについて、滝沢克己はほとんど語っていなかった。第一義の重要性だけが強調されていたように思われる。しかし、実は滝沢克己も悟りについて熱く語っていたのである。

私たちは、（1）神人の原関係・インマヌエルの神の原決定、ないし原決定のはたらきそのものと、（2）このはたらきを受けて人間的主体に生じる覚り（の姿）、ないしは迷い（の姿）から覚り（の姿）への転回の出来事と、――この両者を厳密に区別しなければならない。覚るとは、たしかに、自己の座がすなわち神の座だという事実に目覚めることである。覚者は神の視座を直ちに自己の視座とする。彼は覚りの開ける前とはまったく違って新しく世界を見る。然り、彼は神の見るとおりに、自己自身と世界を見る。それが人として正しく、事実あるままに見るということである。（滝沢克己『あなたはどこにいるのか』）

滝沢克己が「悟り」「覚り」について語っている珍しい個所である。「覚るとは、自己の座がすなわち神の座だという事実に目覚めることである」という。また「彼は神の見るとおりに、自己自身と世界を見る」ともいう。これは、「覚り」についての非常に高度な認識であり、禅の立場から見ると、かなりニュアンスの異なる見解のように見える。しかし、鈴木大拙も「空手にして鋤頭を把る」について、それは、まさしく「神の手だ」と言っているので、本質的には同一の見解とみてよいと思う。「覚者は神の視座を直ちに自己の視座とする」という。「覚者（悟者）は神の視座に立つ」という事実の認識は重要である。ここで滝沢克己は、いつものように、第一義と第二義を混同してはならない。第一義の方が重要なのだ、という論理へ進展してゆく。しかし、ここに重要な問題がある。悟りの中に第一義が現前することによって、覚者（悟者）が神の視座に立つ。そうすると、信者は教祖が真理であり、教祖から真理が来ると錯覚する。ややこしいことに、教祖から悟りや真理が来ることがある。本当は、教祖からではなく、教祖を通して来るのだが、信者はそのように錯覚し、信じ込んでしまう。教祖と経典を真理と錯覚するのである。榑林皓堂博士も、その中の一人ではないだろうか。真理は悟りから、悟りを通して来る。だから教祖も教理も経典も不要だ、という覚者（悟者）がいる。悟りの体験というのは、それほど強烈な驚天動地の体験なのである。なにしろ、覚者は神の視座に立つのだから。しかし、それにも関わらず、悟りは絶対的なものではない。どうしてなのか。

もう一つ、確認しておきたい。「月をさす指」という言葉がある。月は真理を意味する。月をさす指は、真理を示す言葉・理論・説明である。多くの人は、その言葉を自分なりに理解して、それを真理だと思ってしまう。そして、実際に真理自体に触れることはない。指は月ではない。指は月のある方向を示しているだけのことである。指は真理ではない。「神と人との原点・インマヌエル」も「神と人との不可分・不可同・不可逆の関係」も、指と同じで、真理自体ではない。真理のある方向を示しているだけのことである。真理は生きて動いているものだから、自分で捕えるしかない。

神と人との関係は、人間の方からいえば、「億劫相別、而須臾不離、尽日相対、而刹那不対、此理人々有之」という大燈国師の語が両者の矛盾的自己同一的関係を言い表していると思う。否定即肯定の絶対矛盾的自己同一の世界は、何処までも逆限定の世界、逆対応の世界でなければならない。神と人との対立は、何処までも逆対応的であるのである。故に我々の宗教心というのは、我々の自己から起るのではなくして、神または仏の呼声である。神または仏の働きである、自己成立の根底からである。

神は何処までも自己否定的にこの世界に於いてあるのである。この意味において、神は何処までも内在的である。故に神は、この世界において、どこにもないとともに何処にもあらざる所なしということができる。仏教では、金剛経にかかる背理を「即非の論理」を以て表現している（鈴木大拙）。「所言一切法者即非一切法是故名一切法」という、仏仏にあらず故に仏である。衆生衆生にあらず故に衆生であるのである。私はここにも大燈国師の億劫相別、而須臾不離、尽日相対、而刹那不対（億劫相別れて須臾も離れず、尽日相対して刹那も対せず）という語を思い起こすのである。（西田幾多郎「場所的論理と宗教的世界観」）

重要な問題は、「億劫相別れて須臾も離れず、尽日相対して刹那も対せず」という大燈国師の言葉である。「億劫相別れて、刹那も対せず」というのだから、神はこの地上の何処にもいない。しかも、「尽日相対して、須臾も離れず」というのだから、神はこの地上の何処にでもいる。このドラスティックな流動的な世界こそが、神と人との関係なのである。また人間についても、西田は「人間は神の絶対的自己否定から成立するのである」という。西田哲学に不可逆がないと滝沢は批判しているが、ここに神と人との不可逆の関係が示されているのではないか。神からの接触がなければ、悟りは生起しないし、神を認識することはできない。人が悟るのではなく、神によって悟らされるのである。

三　悟りの本質と世界

この法は、人人の分上にゆたかにそなはれりといへども
いまだ修せざるにはあらはれず、証せざるにはうることなし。
はなてばてにみてり、一多のきはならんや。
かたればくちにみつ、縦横きはまりなし。（道元「正法眼蔵」弁道話）

美しい言葉である。明らかに、修行しなければ現れず、悟らなければ得ることとなし、と道元が明言している。悟りの重要性は、曹洞宗においても同じである。榑林皓堂博士は、この道元の言葉をどのように考えておられたのであろうか。また道元は、「風性常住」（第一義）を知っただけでは駄目だ。「処として周ねからざる無し」ということを知らねばならぬ、と語る。安谷白雲も明言している。「仏道において、悟るということがいかに重要であるかは、釈尊の悟道によって仏教が成立し、歴代祖師の悟道によって、仏道が今日に伝来しているという、厳然たる事実によって明らかである」（安谷白雲「正法眼蔵参究」弁道話）。悟りとは、具体的にどういうことか。曹洞禅の人々の誤解、曲解、錯覚を吹き飛ばすために、恐るべき悟りの場面を公開してみよう。神の前では、人間は「無」であり、「空」である。つまり、「悟り」の中では、人間は「無」であり、「空」である。この姿を史上初めて鮮明に表現したのはクリシュナムルティである。

道路を修復している一人の男がいた。男は私自身だった。男が握っていたつるはしは私自身だった。つるはしで彼が叩き割ろうとしていた石は私の一部だった。草の葉が私の存在だった。そして男の傍らの木も私自身だった。私は本当に道路工夫のような気分を味わい、梢を渡る風を感じ、草の上の小さな蟻を感じ取ることができた。小鳥たち、埃、ざわめきさえもが私の一部だった。ちょうどそのとき、向こうを一台の自動車が通り過ぎた。運転者もエンジンもタイヤも、皆私だった。自動車が私から遠ざかるにつれて、私は私自身から離れていった。私はすべてのものの中にいた。というより、すべてが私の中にあった。生命あるものもなきものも、山も虫も、そして、生きとし生けるものすべてが。一日中、私はこの幸福な状態の中に浸っていた。（K・R・スピース「グルジェフ・ワーク」）

クリシュナムルティは、明らかに「無」になっていた。釈迦は「スッタニパータ」によると、「空箱」になっていた。そして、「一切は虚妄である」と語っている。私は「空蝉」になっていた。

悟りとは何か？

それは、「光あれ」と叫ぶ以前の神とともにあることである。

それは、この命令をまさに下さんとして、その精神の動いたときの神とともにあることである。

それは、神とともにあると同時に、創られた光とともにあることである。

それは、むしろ神それ自身であり、かつまた、彼の天、彼の地、彼の昼夜であることである。悟りは人間の中に神が入り来たって、そこで神が自己を意識するのである。この意識は人間意識の底に絶えず存する、超意識とも称すべき意識である。

悟りは二つの相反する語を総合する一つのより高次の統合ではない。杖は杖にあらず、しかも杖である。ここに悟りは得られる。

橋は流れて、水は流れず、ここに悟りがある。（鈴木大拙「悟り」現代人の思想3・現代の信仰）

四　究極の真理

最後に、「究極の真理」とは、どういうものなのであろうか。

(1)「柳は緑、花は紅」

古来、悟りの言葉だといわれている。有名な言葉である。どこが悟りなのか。

「柳は緑ならざるが故に緑であり、花は紅ならざるが故に紅である」と、鈴木大拙は説明する。実に親切な説明である。この論理は金剛般若経にある。「一切法者、即非一切法、是故名一切法」（一切法は、即ち一切法に非ず、是の故に一切法と名づく）。鈴木大拙は、この即非から「即非の論理」と名づけた。この原型は般若心経にある。

(2)「色即是空、空即是色」(「般若心経」)

悪戦苦闘の末、私が到り着いた結論は「有るけれど無い、無いけれど有る」「存在するけれど存在しない、存在しないけれど存在する」という真実であった。絶対無を思い浮かべればよい。

(3)「生の死になるといはざるは、仏法のさだまれるならひなり」(「正法眼蔵」現成公案)

これは正法眼蔵の中でも最高に難解な個所である。古来、何千何万、いや何百万という人びとが挑戦して来たであろう。私も、その中の一人として、懸命に悪戦苦闘して来た。「薪は灰にならない。なぜなら薪と灰は前後際断されているからだ」という。生と死は前後際断されている。だから、生は死にならない。生は生の法位に住し、死は死の法位に住している。

「生きているものが老衰して死んでゆくと考えることも、死んだものが生まれ返ってくると思うことも、瞬間瞬間、全生全滅、全生全滅であることを身証していないところから起る錯覚である」という(山田霊林著作集「正法眼蔵　現成公案」)。生は死にならない。

生きているものが老衰して死んでゆくと考えることは、悟っていない人の錯覚である、という。私たちの「真の自己」は、無位の真人であり、絶対無なのだから、死ぬことはない。**イエスは「私はアブラハムの生まれる前からいるのである」と語る。**イエスも真人であり、絶対無なのだから、「死なない」と言っている。私たちの人生は、生から死へと変化するのではない。一瞬が生滅の連続である。連続といっても、生滅は前後際断だから、連続していない。非連続である。私たちの人生は、明らかに非連続の連続である。「時は永遠の今の自己限定として到る所に消え、到る所に生まれるのである。故に時は各の瞬間において永遠の今に接するのである。時は一瞬一瞬に消え、一瞬一瞬に生まれるといってよい。非連続の連続として時というものが考えられるのである」（西田幾多郎「我と汝」）。時が非連続の連続なのであるから、すべての存在は非連続の連続である。人間も人生も、すべてのものが非連続の連続である。

最後に、もうひとつ不思議な出来事に触れて置きたい。わが人生で三回目の幸運である。神仏からの恩恵という言葉があるが、そういうものだと思う。私は長い間、親鸞の「善人なをもて往生をとぐ、いはんや悪人をや」という有名な言葉が、全くわからなかった。こんな馬鹿なことがあるものかと、六十年間、反抗し抵抗して来た。ところが、或る日、この悪人正機の問題が、一瞬のうちに氷解した。

・悪人こそ救はれるといふ親鸞を最高裁はどう裁くのか
・或る夏の夕べ阿弥陀があらはれて悪人正機解けゆきにけり
・阿弥陀とは一度も会つてゐないのに毎日会つてゐるといふなり

平成二十八年七月十七日夕方、私は何もしていなかった。何も考えていなかった。それなのに、六十年来の難問が、一瞬のうちに解決してしまった。私の身に何が起きたのであろうか？　傅大士の偈「橋は流れて、水は流れず」を理解してから、四十年近くの歳月が流れていた。柳宗悦は民芸から南無阿弥陀仏に到達し、西田幾多郎は禅から浄土に到達した。この二人に、何が起こったのであろうか。

わしが阿弥陀になるじゃない
阿弥陀の方からわしになる
なむあみだぶつ

浅原才市

問題は大いなる力に出会い、その力に触れることである。そのはたらきによって解決してもらうこと、である。「道は常に無為にして、為さざること無し」と老子はいう。蛇は脱皮するのではなく、脱皮させられていた。悟るのではなく、悟らされるのだ。教理や思想を研究し立派な宗教理論を構築しても、大いなる力に触れなければ何も起こらず、何も成就しない。さて究極の真理とは何か。肯定即否定。生即死。色即空。普遍的な表現にすれば、「肯定はどこまでも肯定であり、否定はどこまでも否定でありながら、肯定は否定であり、否定は肯定である」ということである。

（付記　前回の論文集『滝沢克己を語る』に参加できず、滝沢先生に申し訳なく思っていました。今回、機会に恵まれたので、その分少し、埋め合わせをさせてもらいました。どうか、ご了承下さい。）

6　滝沢克己と内村鑑三

――〈今〉を生きる希望と信仰――

小林孝吉

1　滝沢克己と内村鑑三――あなたはどこにいるのか

人は、ある時代と社会に、この宇宙空間に、有限な一存在、一点の生命として現象し、〈私〉という自由ないのちとして生き、死する。

その固有な人生において、人はエデンの園のアダムとエバのように、神の呼びかける声を聞く――。

彼《かれ》らは、日《ひ》の涼《すず》しい風《かぜ》の吹《ふ》くころ、園《その》の中《なか》に主《しゅ》なる神《かみ》の歩《あゆ》まれる音《おと》を聞《き》いた。そこで、人《ひと》とその妻《つま》とは主《しゅ》なる神《かみ》の顔《かお》を避《さ》けて、園《その》の木《き》の間《あいだ》に身《み》を隠《かく》した。主《しゅ》なる神《かみ》は人《ひと》に呼《よ》びかけて言《い》わ

れた、「あなたはどこにいるのか」。（「創世記」第三章八―九節、傍点引用者）

ときに、人はその神の細き静かな呼び声に耳を塞《ふさ》ぎ、旧約の預言者ヨナのように、神の顔を避けようとする。だが、そんな堕罪による楽園喪失《パラダイス・ロスト》から、人は神の言《ことば》による楽園回復《パラダイス・リゲインド》へと至ることができる。キリスト教受容とは、そのような「回心《コンヴァージョン》」を通して、存在の根源的救済、信仰の原福音に、内村鑑三のいう「実験的」に出会うことである。

滝沢克己は、人間の実在点にある全人生の支点を神学者カール・バルトに倣《なら》い、「インマヌエル」（神われらとともにあり、Gott ist mit uns）の原事実（der Urpunkt Immanuel）と呼び、生涯それを証《あかし》した。その過程は、西田哲学からバルト神学へ、芥川、漱石、ドストエフスキーなどの文学、マルクス、仏教とキリスト教、聖書講解と神学、日本文化の問題、最晩年は晴明教の教義、純粋神人学までの広がりをもちつつ、闇に覆われる人間の存在宇宙の光学《オプティックス》を精緻に言表したのである。「インマヌエルの神学」――それが滝沢克己のキリスト教受容の固有性なのである。それこそは唯一実在する、過去からあり、現在、未来にもある、人間と宇宙の原希望である。そのことによって、〈滝沢克己〉は、この人類の困難な〈今〉を生きるのだ。

内村鑑三という無教会の信仰者がいる。内村鑑三は、滝沢克己よりも約半世紀前、明治維新の七年前に高崎藩の武士の子として江戸小石川の武士長屋で生まれ、儒教的環境で育つのである。一八六八年の明治維新を経て、一六歳のとき、アメリカからW・S・クラークを招いて建学された開拓使附属札幌農学校に、太田（新渡戸）稲造らとともに二期生として入学する。そこではじめてキリスト教と出会い、クラークの起草した「イエスを信ずる者の契約」(Covenant of Believers in Jesus) に半ば強制されて署名し、一八七八年に一七歳でメソジスト監督教会宣教師M・C・ハリスから洗礼を受ける。卒業後の一時期、北海道開拓使御用掛の官吏として漁業調査に関わるが、最初の若き結婚の失敗も影響して、精神内部の「真空」に促されるように、苦悩の渦のなかでキリスト教大国アメリカへと渡るのである。

　エルウィンの知的障がい児の施設での看護人を経験したあと、アマスト大学の選科生となり、そこでシーリー総長と運命的に出会い、その言葉によって贖罪の霊的回心を経験する。だが、アメリカのキリスト教や教会に失望して、日本に新しいキリスト教国をつくることを夢見て帰国した後は、ミッションスクールでの宣教師らとの軋轢、第一高等中学校教育勅語奉読式での低頭の仕方をめぐっての「不敬事件」などがあり、教会、教派によらない無教会信仰者となるのである。また、日露戦争以後、非戦論の立場を貫くとともに、日本における誌上の信仰共同体《エクレシア》の場となる『聖書之研究』を創刊し、主筆として三〇年間、二つの「J」(Jesus と Japan) のもと、聖書の原福音の伝道者として生き、第一次世界大戦後には「再臨信仰」へと至るのである。そこに内村鑑三のキリスト教信仰の可能性がある。

　塵戦に継ぐ塵戦の日本近代一五〇年[1]を超えて、そんな内村鑑三の再臨信仰は、キリスト教的非戦論とともに、〈未来社会〉へのいのちの河[2]として永遠に流れているのだ。

　滝沢克己の自由の原点・インマヌエルと、内村鑑三の宇宙の完成としての再臨信仰を重ね合わせるとき、そこに困難な〈今〉を生きる希望と信仰があるのではないか。それはまた、「あなたはどこにいるのか」という神の呼びかけへの人間的な応答でもある。

滝沢克己は、『あなたはどこにいるのか――実人生の基盤と宗教』の第一部「何を支えとして生きるか」のなかに、次のように記している。

永遠の生命＝創造の主なる神の原決定を受けている、その絶対に不可分・不可同・不可逆的な原関係＝原決定の必然的な結果としておのずから、この私と他の諸物諸人とのあいだの関係が、能動と受動、実践と認識、物質的生産と精神的創造、感覚と思考、記憶と想像等々、さまざまな極を成し形を取って生起する。(3)

人は、いかなる現実と精神の闇のなかに望みなく佇《たたず》もうと、あなたはどこにいるのかという神の審判と救済の愛の声の外にでることも、神人の原関係を離れることもできない。また、その問いへの実存として、「一表現点」として生きることが、人間の〈今〉の生そのもの（＝人間的自由）である。それが河の流れや植物の成長のように、時々刻々、瞬間々々と時代と社会を形づくっていくのである。一キリスト者として生きるとは、そのようなことではないだろうか。

内村鑑三は、日露戦争の直前の『萬朝報』（一九〇三年六月一五日）に、「余の人生観」と題して、「言論」欄に以下全文の短い文章を掲載している。

余《よ》の人生観《じんせいくわん》と宇宙観《うちうくわん》とは一字《じ》にて足《た》る「愛」◎是《これ》なり、星《ほし》の輝《かゞや》くも愛《あい》なり、風《かぜ》の吹《ふ》くも愛《あい》なり、海《うみ》の鳴《な》るも愛《あい》なり、生《うまれ》しも愛《あい》なり、死《し》なざるを得《え》ざるも愛《あい》なり、愛《あい》は宇宙《うちう》を造《つく》り、且之《かつこれ》を支持《しぢ》す、此愛《このあい》の宇宙《うちう》に棲息《せいそく》して余《よ》は歓喜極《くわんきゝはま》りなきなり。
余《よ》は生《せい》を愛《あい》す、此世《このよ》に在《あつ》て愛《あい》の事業《じげふ》に従事《じうじ》し得《う》ればなり、余《よ》は死《し》を懼《おそ》れず、無限《むげん》の愛《あい》の余《よ》を繞囲《ぜうゐ》するを知《し》ればなり、愛《あい》より出《いで》て愛《あい》に帰《かへ》る、生死《せいし》の別《べつ》、余《よ》に於《おい》て何《なに》かあらん。
哲学《てつがく》は世《よ》を厭《いと》はしめ、政治《せいぢ》は生《せい》を忌《い》ましむ、惟《ひと》り愛《あい》の福音《ふくいん》のみ吾人《ごじん》に新生命《しんせいめい》を供《きよう》す、諸人《しよじん》何《なん》ぞ速《すみやか》に来《きたつ》て生命《せいめい》の水《みづ》を此愛《このあい》の泉源《せんげん》に於《おい》て汲取《くみと》らざる。(4)

滝沢克己の「永遠の生」、創造主なる神の「原決定」とは、内村鑑三にとって「愛《あい》」の一字であり、それが生命の「泉源《せんげん》」である。宇宙の星々も、自然界の木々を揺らす風も、海鳴りも、この世に人が生まれ死するのも、愛から生まれ愛に帰するのである。その一五年後、内村は娘ルツの若き死の悲しみと、第一次世界大戦の厖大な死者を前にして、旧新約聖書のもっとも深い真理であるイエス・キリストの再臨へ、再臨信仰へと至るのである。彼は、「世界の最大問題」（一九一八年三月一三日京都基督教青年会館における講演大意、『聖書之研究』二一三号）の附記には、「再臨は単に再臨問題ではない、歴史問題である、宇宙問題である、実は之よりも広い且つ深い問題はないのである」（傍点引用者）とまで書くのである。

滝沢克己のインマヌエルの神学と、内村鑑三の再臨信仰は、ともに神からの「あなたはどこにいるのか」という〈今〉への問い（＝言《ことば》）からはじまり、その答え（＝愛）に帰するのである。

2 回心とキリスト教受容――日本近代一五〇年の二つのドラマ

内村鑑三は、六九歳の生涯を終える四日前、内村鑑三古稀祝賀感謝の会の参加者へ、迫りつつある死を前に、「萬歳、感謝、満足、希望、進歩、正義、凡ての善き事」「……人類の幸福と日本國の隆盛と宇宙の完成を祈る」(5)とのメッセージを伝えた。そこには、日本近代をキリスト教受容とともに、一伝道者、一キリスト者として生きた内村鑑三の信仰的生涯が、愛が、神の言《ことば》の反映が凝縮されていないだろうか。

一九三〇(昭和五)年、内村鑑三がこの世を去った年、二一歳の滝沢克己は生への深い懐疑のなかで、偶然に九州帝国大学の図書館で、『思想』一〇〇号記念特集号に掲載された西田幾多郎の「場所の自己限定としての意識作用」と運命的に出会うのである。そこでは、西田幾多郎は意識作用を無の場所の自己限定として、絶対の非連続の連続の弁証法的運動としてとらえるとともに、自己の消滅点=絶対零点(絶対無の場所)として見ていたのである。しかも、その論文の最後をこう結んでいる。「哲學は我々の自己の自己矛盾の事實より始まるのである。哲學の動機は「驚き」ではなくして深い人生の悲哀でなければならない」と。

生きることの「悲哀」こそ、有限の人として永遠の生命に非連続的に接している、もっとも深い実存的な感覚であろう。この論文に、昭和の一五年戦争への入り口を時代背景に、若き哲学徒・滝沢克己は、その難解さのなかに、真実の何かを感じて惹かれ、以後西洋哲学を離れ西田哲学と悪戦苦闘の日々をつづけることになる。言葉と自己の消滅点から生まれる西田哲学を、一行一行、一頁、一頁とたどるにつれて、孤独地獄に生きる夏目漱石『行人』の主人公のように、滝沢にとって自己矛盾の峡谷は細く、険しくなっていく。

大きな石を背負うごとくに冬の旅（西川徹郎『幻想詩篇　天使の悪夢九千句』「青春地獄」）

柩に窓がある水晶の夜空がある（同前）

まつすぐな道でさみしい（山頭火『草木塔』）

分け入つても分け入つても青い山（同前）

あさに思ひ夕に思ひ夜におもふ思ひにおもふわが心かな（『西田幾多郎歌集』一九三四年）

月影のまだ消え去らぬ山のはに名の知らぬ星一つまたゝく（同前、一九三五年）

西田哲学の奥深い山に分け入り、夜空に遠い名も知らない星を見るように、自己の根底を見極めつつ二年の歳月がすぎていく。そんなある日、家の前の原っぱをぐるぐる回りながら考えていると き、突然、晦渋な西田哲学の核心にふれたのだ。――「ああ、ここだ」（傍点引用者）、と。[6] それは一九三三（昭和八）年二月頃、二三歳の終わりの冬の日であった。それが滝沢克己の回心という存在宇宙における第二義のインマヌエルの生起である。

内村鑑三は、「イエスを信ずる者の契約」に署名して洗礼を受け、キリストを信じ祈ったにもかかわらず、その苦悩の渦は激しさを増し、罪と律法の桎梏の虜《とりこ》と化し、一八八四（明治一七）年一一月六日、アメリカに向けて出航する。フィラデルフィア、エルウィン、アマストと流竄《るざん》のような生活のなかで、後に「霊魂の父」というアマスト大学のシーリー総長と出会うのである。

ある日、シーリー総長は内村鑑三を呼んで、こう語る。――君は、君の内のみを見るからいけない、君の外を見なければいけない、なぜ自分を省みることをやめて、十字架で君の罪を贖ったイエスを仰ぎ見ないのか、君は小児が植木を植えて、その成長を確かめるために、毎日その根を抜いて見るのと同じである、なぜ神と日の光に委ね、君の成長を待たないのか、と。そのとき、彼をとらえて離さなかった律法は、いっきょに彼の魂を解き放ったのである。その瞬間は、キリスト者・内村鑑三の信仰的生涯を決定づける霊的回心であり、以後、彼の目の前には、贖罪の「十字架」が立ち、「イエス・キリスト」を仰ぎ瞻《み》ることになる。それは滝沢克己とほぼ同年齢である、二四歳の終わりの一八八六（明治一九）年三月八日であった。

ここに明治中期と昭和初期、日本近代一五〇年のなかの二つの回心のドラマがある。ここから、滝沢克己はバルト神学へ、聖書・教会の外における神認識の問題を経て、インマヌエルの神学へ、内村鑑三は十字架・復活から、無教会のエクレシアとともに、イエス・キリストの再臨、再臨信仰へと、そのキリスト教受容と信仰的生涯は、それぞれの独自性とともに広がっていくのである。

二人の生きた時代は異なるが、滝沢克己はキリスト教の先駆者・内村鑑三をどのように見ていたのだろうか。滝沢は内村について、そのキリスト教受容と信仰、再臨と再臨信仰に立ち入っては論述していないが、晩年の『日本人の精神構造――西田哲学の示唆するもの』の「序章　西洋文明と明治の日本」において、西洋文明、経済の資本主義に遭遇する日本の明治時代の「先覚たち」として、内村鑑三、夏目漱石、西田幾多郎を上げ、以下のように述べている。――彼らは宗教、文学、哲学とそれぞれ異なる分野であっても、この三人は明治以後の代表的日本人である、しかも三人が発見したのは、「闇からの脱出点＝新しい生への出立点」（＝人間の生の共通基盤）である、と。

その上で、内村鑑三については、その無教会主義にもかかわらず、西洋のキリスト教のもつ一般的な囚われから十分に自由ではなかったといい、その難点を次のように指摘している。

> かれは世にいわゆる「正統のキリスト教徒」、西洋渡来の教団主義者とはまったくその類を異にしていた。ただしかし、そのかれにおいてもまた、まったく直接・無条件にすべての人の脚下に実在するこの根基・隠れたる基準として、永遠に到る処に現在する「神人キリスト」と、その「肉における」（人間的主体的な）表現として、歴史の内部に生まれて死んだかぎりの「イエス」と、――「イエス・キリスト」という名に含まれているこの両面の区別・関係・順序を、それとして十分明らかに自覚するには至らなかった。[7]

だが、滝沢克己は内村鑑三が最後に立ち至った聖書の再臨と内村自身の再臨信仰に、また「イエス・キリスト」のペルソナに含まれている「区別・関係・順序」の具体的な不分明さについては論述していない。旧新約聖書六六書の最後である「ヨハネ黙示録」の最終章第二二章には、イエスの最後の約束が、こう記されている。「『然《しか》り、われ速《すみや》かに到《いた》らん』」（二〇節）。

滝沢克己は、人間存在の根源にある神と人とのいのちの原関係の純構造（＝希望の原理）を明らかにし、内村鑑三は、再臨のイエス・キリストの審判と救済に未来社会と宇宙の完成を見るのである。そこにはプロテスタントと無教会という二人のキリスト者の〈今〉に生きる可能性と、「ヨハネ黙示録」（第二二章一―二節）の神と羔《こひつじ》の座を源とした生命の水の河が流れている。それは、次のように言い表わすことができるであろう。――イエス・キリストは、永遠の〈今〉を臨《きた》りつつある、と。

人は、瞬間、瞬間、インマヌエルなる神の「あなたはどこにいるのか」という声とともに生きている。それが滝沢克己のいう「客体的主体」たる人間の自由なのだ。

3 〈今〉を生きる希望と信仰――預言書「ヨエル書」

私たちの〈今〉とは、どのような時代なのであろうか。日本では、二〇一一年の「3・11」による二万人近い死者の記憶と、長い年月によって半減期を迎える原発のメルトダウン事故の未収束、政治の劣化、平和憲法の改正論議、格差と貧困など希望なき社会が広がっている。一方、グローバル世界では、紛争、難民、核の問題、自国主義化する大国と、新しい世紀に時代の光は見えていない。だが、神の顔を避け、「あなたはどこにいるのか」という呼び声に耳を塞ごうとも、「インマヌエル」と「愛」のエコーは途絶えることがない。

滝沢克己は、敗戦直後に『西田哲学の根本問題』（清水書房、一九四六年）の「新しい版にそへて」に、戦争の時代を超えて迎えた戦後の新しい時代のなかで、そのまま再版した理由を、以下のように述べている。――久しい間、闇のなかに閉じ込められていた私の心を照らし、本書を書きつづらせた「事實そのものの光」がいまもなお照りかがやいて、依然として深い闇のなかを歩む私を導くことをやめないからである、と。

内村鑑三には、明治四十年代はじめの政治の風景を見つめた「政変と草花」（『聖書之研究』一〇一号、一九〇八年八月）という、以下のような短文がある。

花は咲き　花は散る、夏は去り、秋は来る、内閣は斃《や》れ、内閣は興る、政党は結ばれ、政党は解かる、天然と人生との事にして何事か不変ならん乎、神のみ、キリストのみ、而《しか》して彼の永久の言辞《ことば》のみ、是れのみ永久に変らざるなり、其他はすべて庭前の草花の如し、政権然り、栄位然り、此世のすべて貴きもの、すべて権《ちから》ある者にして然らざるはなし。（8）

この世で、草花、政党、政治、権力、栄華、すべては無常にも移ろっていく。だが、神の「言辞《ことば》」＝「事實そのものの光」は、天然、人生、社会を生かしつつ永久に変わることなく、福音を、インマヌエルの事実を〈今〉に伝えている。楽園喪失以後、楽園回復への途はここに開かれているのだ。

旧約一二小預言書の二番目に、「ヨエル書」がある。預言者ヨエルは、その人物については明らかではなく、預言書の成立時期も、紀元前四世紀前半頃と推定されている。この預言書は、いなごの害、終末的、黙示文学的な短い記述からなっている。ここからは、旧約の切迫する時代のなかの黙示が審判の響きとともに伝わってくる。

関根正雄『旧約聖書　十二小預言書』では、審判と終末への「予兆」は、第一章に置かれている。

――長老たち、この地に住むすべての者よ、聞け、かつてこのようなことが起こったか、語り伝えよ、子に、子は次の世代に。「大いなごの食い残しを群いなごが食べ、群いなごの食い残しを幼いなごが食べ、幼いなごの食い残しを若いなごが食べた」（四節）。祭司よ、悲しめ、畑、地は荒れ果て、穀物、葡萄、オリーブ、無花果、柘榴、すべての野の木々は枯れ、火は野を焼き、川底は乾く。それは、第二章へとつづいていく。暗闇、暗雲の日がくる、荒涼とした曠野、天は揺れ動き、日は暗くなり、星は輝きを失う、だれがこれに耐えうるだろう……。

しかし今でも遅くない、とヤハウェは言われる、
心をこめてわたしに帰れ、
断食して嘆き悲しめ。
衣でなく心を裂き
君たちの神ヤハウェに帰れよ。[9]（傍点引用者）

この終末の時代に、暗黒な日々に、旧約の神は悔い改めを求める。審判、悔い改め、救済へ——と。全四章からなる「ヨエル書」[10]には、旧約の時代に黙示的神の言《ことば》の片々が響きわたっている。イエス・キリストの歴史的な贖罪の「十字架」と、三日目の「復活」を経て、「ヨエル書」から約二五〇〇年後、それは地球規模の困難な課題に立ち向かう審判の現代にも、一脈通じていないだろうか。「あなたはどこにいるのか」。その神の呼び声に応えて（＝悔い改め）、人間共通の基盤（＝太初《はじめ》の言《ことば》）へと立ち戻らなければならないであろう。——そこに救済が、楽園回復《パラダイス・リゲインド》への入り口がある。

日本近代一五〇年のキリスト教受容のなかで、滝沢克己と内村鑑三という二人のキリスト者は、その核心である「インマヌエル」と「再臨」は、永遠の〈今〉を生きる希望と信仰の原水脈として、ともに未来社会へと流れている。

注

（1）明治時代の日清・日露戦争、大正期の第一次世界大戦、昭和のアジア・太平洋戦争など、日本近代一五〇年には戦争の歴史が横たわっている。二六歳に満たずして自ら命を断った北村透谷は、『平和』誌発行の辞に、「塵戦又た塵戦、都市を荒野に変ずるまでは止まじ」との言葉で、大日本帝国憲法のもと、富国強兵へと進む明治社会に警告を発した。

（2）内村鑑三は、『聖書之研究』創刊第一号（一九〇〇年九月三〇日）の冒頭の「宣言」に、次のように記している。「聖書に曰く生命の水の河あり、其水澄く徹《〔き〕》りて水晶の如し、神と羔《こひつじ》の宝坐《〔くらい〕》より出づ、河の左右に生命の樹あり、其樹の葉は万国の民を医《いや》すべしと、（黙示録廿二《廿二》）章一二《一、二》節）、余輩は天上天下此福音《ふくいん》を除いて国民を医す者の他にあるを知らず、此誌豈《あに》今日に於て出でざるべけんや」。

(3)『あなたはどこにいるのか――実人生の基盤と宗教』（三一書房、一九八三年）、一二三頁。本書は、「はじめに――「アダムよ、お前はどこにいるのか」」からはじまり、その短い序文は、こう閉じられている。「この世界のなかにはおそらく、いまもむかしと変ることなく、暗く嶮しい道を独り行く私を導く無数の星も瞬いているであろう。その星の一つの言葉――「アダムよ、おまえはどこにいるのか」（創世記三・一〇）」。それらの「星」は、神の「言《ことば》」である。

(4)『内村鑑三全集』第一一巻（岩波書店、一九八一年）、二八六頁。

(5) 内村祐之「父の臨終の記」（『聖書之研究』三五七号、終刊号、一九三〇年四月）、五五頁。小林孝吉『内村鑑三――私は一基督者である』（御茶の水書房、二〇一六年）、三三三頁参照。

(6) 小林孝吉『滝沢克己　存在の宇宙』（創言社、二〇〇〇年）、四一―四二頁参照。

(7)『日本人の精神構造――西田哲学の示唆するもの』（三一書房、一九八二年）、三三―三四頁。滝沢克己は、このように内村鑑三の難点を上げている。だが、滝沢は内村の著作については、詳細な論述をしていない。内村鑑三の再臨（＝希望）は、日本近代以降のキリスト者も、西欧のキリスト教信仰をも凌駕しているのではないか。また、滝沢克己と内村鑑三については、小林孝吉『内村鑑三――私は一基督者である』の「八　インマヌエルと福音」を参照。

(8)『内村鑑三全集』第一六巻（一九八二年）、一〇頁。

(9)『旧約聖書　十二小預言書』（岩波文庫、一九九九年）、六四頁。

(10) 日本聖書協会一九六〇年版『聖書』では、全三章の構成となっている。

7　滝沢克己と聖書

水田　信

序

滝沢克己の論述は独特の論理によって貫かれている。それは思惟の対象となる事柄についての、公理とも言うべき一つの大前提からの一貫した解明を展開するものである。独特である所以はその「公理」の独自性にある。「公理」というものは誰にとっても自明なことでなければならないが、滝沢の主眼とする思索の内容の出発点は、むしろ普段は誰も気付くことのない事柄なのである。その意味では「公理」という言葉は相応しくないことになろう。むしろ、「公案」と言うに近いであろうか。

滝沢の問題意識は常に「人間の事実存在」にあった。全ての人間は「我々はいったい何のために生き、且つ働くのであるか」という共通の問いを、たとえ無意識であっても各自で抱え、その解答を求めずにはいられない存在だ、という事実である。その場合、解答は一人一人が独自に発見するのでなければならないが、問いそのものは全ての人に共通しており、全ての人に関わる事だから、その意味での正解は一つであるはずだ。

そして、この課題――主観的にして普遍的な、一人一人の問題としての全ての人間の問題――に対する正解こそが滝沢の全思索の出発点なのである。それは、この問題に真摯に立ち向かうことを辛抱づよく続ける人に「時満ちて」与えられる、と言われる。だが、一つであるべき正解を表す言葉が複数存在すると知ったならば、それら一つ一つについて再吟味しつつ、それら相互の関係を問わなければならない。こうして、新たな課題が発生することになる。

滝沢はその若き日に、求め続けていた人間の事実存在に関する真理を、まず西田幾多郎の著作を精読することによって把握した。次いでこれを、カール・バルトを通して新約聖書の「インマヌエル（神われらと共にいます）」として発見したが、この体験は決定的であった。この時から聖書は彼にとってなくてはならない道標となった。

以下、本論考で試みるのは、滝沢の聖書の解釈は、彼の生涯において一貫性を守っているか、という問題である。そのため、まず取り上げるのは、滝沢の初期の福音書解釈である。その後に、後期滝沢の福音書講解から、筆者が特に留意せざるを得なかった聖書の「公案」について、若干の吟味を加えたいと考える。(1)

一　滝沢克己の初期作品における福音書をめぐる思惟

聖書に関する滝沢の初期の証言は、『カール・バルト研究　滝沢克己著作集　二』（創言社、一九七二）に集中的に収められている。その中から、彼が聖書を通して何を学びそれをどの様に語っていたかを聴き取ることから、論考を進めたいと思う。その場合、考察の中心になるのは新約聖書なかでも福音書に関する記述である。『著作集　二』は、その「あとがき」によれば、昭和十六年刀江書院初版の『カール・バルト研究』に幾つかの論文や書簡などを加えて成ったものである。だから、滝沢の聖書に関わる最も初期の見解を知ろうと思えば、初版に収められている作品を参照すればよいことになる。そして、その「序」を読めばそれらの作品が生まれた背景が理解される。さらに、「再版の序にかえて――神学と哲学との間――」（一九四六）を読むと、当時の著者の問題意識が見えてくるのである。[2] また、『著作集　二』に後から加えられた作品が含まれているということは、最初期の作品と後のものとの間に決定的な差異がないことを示すであろう。少なくとも著者自身はそう考えていたことになる。

「聖書を読むということは、人間的実存に関するその他の一切の根本的理解にとって、それらのものが殲滅せられるかも知れないという危険を意味する」[3] と滝沢は言った。そして「我々はまず、聖書が教会に於いて常に基準であったという事実が、差し当たって我々に要求する通り、神の判断への素直な期待を以て聖書に近づき、自分の思惟を単純に聖書のもろもろの用語と文章とによって導かしめなくてはならないであろう。」としたためた。(4) しかし、すぐ後に、「神から人への道は常に到る処に且つ時々刻々に開かれているではないか」と問い、「この問題を解決するには、人は、背理のようではあるが、一旦この問題から離れて、聖書そのものの厳密な究明に集中しなければならない」(5)と言っている。実際、滝沢の初期の作品は、このモチーフによって展開されていったのである。以下に、その例として『著作集 二』の掲載順に、まず「パリサイ人のパン種」(一九三七)を、次に「イエス・キリストのペルソナの統一について」(一九三五)、さらに「処女マリアの受胎」(一九四二)を取り上げ、初期の滝沢の思惟を簡素に示してみたい。

滝沢は「パリサイ人のパン種」の中で以下のように語る。「ナザレのイエスは、その時と所に於いて直ちに、我々を殺して後ゲヘナに投げ入るる力ある全能の父なる神の子、永遠の神そのものである。しかしそれは彼の人性にしたがって然るのではない。……ただ、彼の霊《みたま》に於いてのみ、即ち彼の父の霊なる聖霊に於いてのみ然るのである。」と。読者はここで、著者がなぜ「ナザレのイエス」と「人性にしたがって」とに傍点を振ったかについて注意すべきである。その後にくる言葉「イエスを我々は善しといってはならない。」「イエスの言葉そのものが、審判の日の裁き主ではないと、イエスその人が明らかにいっているのである。」は「人性に於けるイエス」に関しての注意書きである。そのことを踏まえて「ナザレのイエスが語り且つ行うところ、そこには永遠の神の子が、肉に於いて、……彼自身の父と共に、聖霊によって語り且つ行うのである」(6)という言葉も理解される。しかる後に、初めて我々は「汝はキリスト、神の子なり」というペテロの告白を真に繰り

返すことが出来るようになるのである。(7)

「一つの被造物の或る処、そこには常に神の永遠の言がある」と滝沢は言う。「神の永遠の言」とは「神の永遠の御子」である。(8) しかるに、人間は罪に堕ちた被造物である。故に先の言葉は「罪びとなる人間の在る処に神の永遠の言がある」を意味することになる。斯くして彼は「イエス・キリストのペルソナの統一について」の中で以下の如くに断言する。すなわち「この事実こそイエス・キリストの肉に於いて、その十字架と復活に於いて、古今東西のためにただ一度我々に啓示されたところのものである。そしてこの啓示の証が、我々の心をすがすがしくする罪の認識と我々に救いを齎す信仰告白をその主なる内容とするところの聖書にほかならない。この認識とこの告白とは、たといそれがこの世界のただ中に立っている場合にも、被造物からは全く不可能なことである。キリストの十字架、窮極的には三一の神がこの認識の唯一の根柢である」と。しかし我々は、彼がすぐ続けて「我々は同時にまた、……聖霊による三一の神の認識は、そのことが彼の気に入る時と処とに於いて、従って聖書の外に於いてもまた、原理的に可能であることが、認識せられ告白せられなければならない」(9) と言明していることに注目しなければならない。

「聖書と結びついた」神の認識を語る言明と、「聖書に由らない」神の認識を語る言明とが矛盾しないのは何故か。その答えは前者の中の「キリストの十字架、窮極的には三一の神がこの認識の唯一の根柢である」という言葉に隠されている。「三一の神」とは、永遠の父、永遠の子、聖霊なる神であり、それがそのまま唯一の神なのである。そして、「キリストの十字架」と「三一の神」とのうち「窮極的」であるのは後者である。しかも、両者は統一されて「唯一の根柢」とされている。それこそが、「イエス・キリストのペルソナの統一」として言明とされている事柄である。しかも滝沢は、イエス・キリストのペルソナの統一は「明らかな区別を含んだ統一である」として、その意味を次のように説く。「御言の受肉は、……ただ霊によって起こった・永遠に亘って同時に過去、現在、未来である唯一の神の言の徴、即ちイエス・キリストの肉体の時間的可視的な現在の・発生なのである」[10]。言い換えれば、肉のイエス・キリストは「神の永遠の御子」の「徴」なのである。だから、イエス・キリストはまた「インマヌエル」の徴でもある。「イエス・キリストの十字架と復活は、何処までもただインマヌエルの事実そのものに於ける神の子と罪人との矛盾的同一の・即ち救いの実質の・徴にすぎないといわねばならぬ。そうしてイエス・キリストの昇天は、まさにナザレのイエスというこの驚くべき徴が、その実質たるインマヌエルの神そのものによって、この世から決定的に取り去られた（消え去った）ということを、我々に告げ知らせる事実にほかならない」[11]と表明される所以である。これによれば、聖書の神は、福音書において「三一の神」としてその「徴」を伴って供述されていることになる。そして、「徴」は神認識の機縁ではあるが根柢そのものではないから、聖書の外で神を知る機会が原理的にあってもよいことになるのである。

それならば、インマヌエルの事実が「イエス・キリストの肉に於いて、その十字架と復活に於いて、古今東西のためにただ一度我々に啓示された」と言われた意味は何か。滝沢は、次のように語っている。「神の永遠の子が独り子であるということは、……単なる数量的な一ではなくて、むしろその資格と力とが父なる神のそれと絶対的に相等しいことを意味する。そうとすれば、どうしてその認識の唯一性が単に形式的な数量的唯一性であり得ようか」(12)と。

右に見てきたことを確認するならば、次の「処女マリアの受胎」からの引用句も理解されるであろう。「まことに、イエスは神の子であった。……彼は事実既に人の主たるまことの神（神の子）であると同時に、現に神の僕《しもべ》たるまことの人（人の子）であった。即ちインマヌエルであった」(13)。「彼がもと太初《はじめ》から神の子であると共に終末《おわり》まで人の子として止まること（インマヌエル！）、人の子が神の子と成ることは永遠に出来ないこと、決して神の子と成ることを要しないこと、夢にも神の子と成ろうとしてはならないこと、人は始めも、今も、終わりも、徹頭徹尾人たるべきこと、そうしてただそのことの中にのみ本来インマヌエルなる人の幸福《さいわい》、永遠の生命のあるであろうこと――それが、そしてただそれのみが、真の神なる真の人、即ち聖霊によって処女マリアから生まれたダビデの子イエスが、その生前の言葉と奇跡とによって予め教え、その十字架の死と復活とによって決定的に示したことであった。――ヨハネ伝福音書の第一章に『神の言が肉体と成った』というのは、神の言そのものの何らかの生成や変化ではなくして、むしろただその奇跡的な誕生とその大いなる言葉と業とにも拘らず、至高者《いとたかきもの》の子、神の子と称えられたにも拘らず、最後まで人として生きぬくことの出来た（それはただ本来神の子である者にとってのみ可能なことである）、一つの肉体の生成を意味するのでなくてはならない。従ってまた逆に彼が『信ずる者には神の子と成る権を与え給へり』というのも、ただ徹底的に人として生きる者、終末《おわり》まで人として止まることに倦まぬ者のみ、己れの中に神の子キリストの生くる幸福《さいわい》を味わい得るという意味でなくてはならないであろう」[14]。

聖書の語句に忠実な表現を用いながら自分の思いを表現することの可能性を、若き滝沢は追及した。注意すべきは「イエス」ないし「イエス・キリスト」という名称の二義性である。即ち聖書における「イエスの御名」が何を指しているかという問題である。単に「キリスト」と言われている場合でも注意が肝要である。例えば、「神の言はキリストの眼に見える十字架の積極的な根柢（理由）である」[15]と言われる時のように。後年の滝沢は、この二義性について、明確な解説を行っている。「『イエスは神の子キリストである』。永遠に現在的な、その父と一なる、第一義の神の子キリストの人による体現として、人間的主体のみずから成す姿としてのイエスもまた、第二の意義で『神の子キリスト』と呼ばれることができる」[16]。名称の二義性を理解するうえで鍵言葉になるのは「徴」である。「徴」は、或るものを指し示す目印すなわち象徴であり、証拠であり、そのようなものとしての機縁である。人の子・ナザレのイエスは神の言の徴である。すなわち、彼はインマヌエルの証拠であり、インマヌエルの事実を知るための機縁なのである。

二　滝沢克己と十字架上のイエス

前章で見てきた前期の滝沢の聖書理解が、基本的にそのまま後期の聖書理解でもあることは、滝沢克己の主著を知る者にとって明白であろう。以下に、「インマヌエルの徴・証拠」である人間イエスの、「十字架」をめぐる滝沢の言説をとりあげ、その儀の機微を示したい。

まず、「イエスの十字架」の根本的な意味づけを一つ挙げてみよう。「服従の行為としての・目に見える・キリストの十字架は、ただそれが神の言の述語なるが故にのみ、我々にとって古今東西のためにただ一度生起した神の意志であり命令であるのである。……神の言の現実性を真実に理解する者は、キリストの十字架がこの意味に於いて『徴』と呼ばれることを、決して怪しみはしないであろう」[17]。これに続いて「神の言はキリストの眼に見える十字架の積極的な根柢（理由）である」が来るのである。

「十字架上のイエス」という言葉には、イエスの一生が集約されていると考えられる。これを語るとき、特に注目されるのが、「エリ、エリ、レマ、サバクタニ（わが神、わが神、どうして私をお見捨てになったのですか）」という叫びである。滝沢の福音書理解をめぐる本考察の締めくくりとして、この言葉についての彼の解釈を取り上げたいと思う。

滝沢は、繰り返しこの「叫び」を引用しており、その意味の解釈も早くから残している。「憐れみ深きサマリヤ人と神の言葉」（一九三六）には「その憐みの故に我々の一人となり、大いなる叫びと涙とをもって十字架を忍び給いしキリストは、楽園を追われた人間の悩みと叫びとを決して嘲笑しはしない」[18]とある。「処女マリアの受胎」には次のように記されている。「『わが神、わが神、何故われを見捨て給ひし』――ただこの叫びのみが、彼の救いの決定的な成就であったのである。（マルコ伝一五・三四）。従って人の子イエスにとって唯一の誘惑は、彼が元来既に神の子であることを忘れて、神の子と成ろうとすることであった。徹頭徹尾人の子として止《とど》まることに倦むことであった」[19]。すなわち、人の子であることがそのまま神の子であることだから、人の子に徹することこそが人の務めだ、と言うのである。十字架上のイエスの叫びは、イエスの人としての弱さを素直に表明しているが故に、彼自身にとっても、他の人々にとっても、救いなのであり、尊いのである。

この解釈を押さえておいて、以下に『聖書を読む　マタイ福音書講解』（一－八、創言社）、および、『滝沢克己・最晩年に語ったこと——人は何を支えにして生きるか——』（中川書店）に見える解釈を読み解いていきたい。前者は、滝沢の福音書解説の代表作である。そして後者は、前者の要約の如き内容をなす二つの講話から成っている。その一つである「神ともにいます」の副題は「十字架上のイエスの叫びの意味すること」である。

「十字架上の叫び」に対するキリスト教的解釈の一つは、これを詩編二十二の引用だとするものである。この詩は結局のところ讃美の歌なのである。本当に讃美するということがなければ起こらない、讃美があって初めて出てくるような嘆きなのである。全然こちらのことでない、神から来たる無条件の讃美が起こるところに、同時に、普通の意味ではどうにも救いようのない・救われようのない・嘆きがおこる、ということである。しかし、神学者の中には、イエスが愛唱していた讃美歌を悠然として口にしたのがこの言葉だ、と考える者がいる[20]。

また、イエスは一時「捨てられた」と感じられたこともあろうが、それはほんの一時のことで、それでもってイエスの信仰全体を疑うことは出来ない、と考える者もある[21]。

ところが、神学者の中にも「これはやはり絶望の叫びだ」と認める者がある。救いようのない絶望を経る者のみが、本当に神を求め信じるのだ、イエスの叫びは、それだけ彼の信仰の深さを示しているのだ、と解釈するのである。[22]

以上のような解釈は、すべて、イエスの心理状態を第一の問題にしている。これらと全く違うものに、カール・バルトの解釈がある。「イエスの十字架というのは、本当に捨てられた人が、捨てられたままで神様に支えられている、ということだ」と言うのである。イエスは全ての人間の代理(Stellvertretung)である。だから、捨てられた人間だということがはっきり出てこなければ、十字架の真相が現れてこない。それで、イエス自身が「何故、見捨て給うのか」と言っている。[23]

バルトの解釈を受け入れ、それを紹介した上で滝沢は、この解釈に批判を加える。バルトは、「神ともにいます」という根源的な事実を「第一義のインマヌエル」と言う。この事実を受け取って感謝することが起こってくると、それが「第二義のインマヌエル」である。ところが、バルトは「第一義のインマヌエル」がイエスの十字架で初めて起こったのだと言う。すると、イエス自身については「第二義のインマヌエル」をはっきりとは認めないことになる。我々と同じ喜び・悲しみ・苦しみがイエスに起ったことが、出てこないことになる。すると、バルトが言おうとしているのが「第一義のインマヌエル」であることを理解しない人は、歴史の中のイエスを抜かして、「イエスの十字架が救いだ」と抽象的・観念的に考えて、「信仰の決断」を主張することになる。[24]

滝沢にとって「イエスの叫び」の意味は、バルト同様、まず「第一義のインマヌエル」との関係で理解されるべきものであった。しかし、それは「第二義のインマヌエル」と直結していた。滝沢によれば、「何故、見捨て給うか」という言葉は、一つの大きな公案である。それは、絶望の闇から出たのではなく、救いはちゃんとあるという、そこから起こってきた言葉である。イエスが嘆く前に、神が嘆いている。[25]「今、お前を苦しめているそういう人たちも含めて全ての人を、生命の故郷に立ち返らせるために、……お前は、この苦しみに耐えなければならないのだ」と。だから我々は、「どうしてこういう目に」ということがある度に、それは本当に充実した明るい生を送らせてくれるために、神が与えて下さっている、と思えば間違いない。絶対に一方的に神の救いがあると信じると、普通の意味での神だのみをしなくなる。人の生活は人の責任となり、そのことによって人は成長していく。そこから、何かに凭れかかることが一切許されない、本当の自立ということが出てくる。イエスに凭れかかって助かろうとするのも駄目だ、ということもはっきりしてくる。[26]イエスを偶像化することは出来ないし、その必要もないのである。

「十字架上の叫び」についての滝沢の解釈は、「詩編二十二篇説」に最も近いと考えられる。滝沢自身がこの詩編に共感していることは、その解説によく現れている。それならば、彼はなぜこの説を積極的に支持しないのであろうか。思うに、この説を唱える者が、死の苦痛に於いても泰然としているイエス像を描きがちだ、ということへの違和感からであろう。

筆者の私見を述べれば、イエスの叫びは詩編二十二の冒頭だとする解釈が妥当となる。（但し、イエスはそれを「叫んだ」のであって、悠然と吟じたのではない)。

その一つの理由は、イエスの呼び掛けが「父よ」ではなくて「わが神」となっていることである。滝沢は、人に正しい信がなければ「わが神」とは呼べない、と言う。そして、「わが神」を「わが父」と同一視している。[27] しかし、滝沢自身が認めているように、イエスはつねづね神を「父」と呼んでいた。十字架上の言葉にも、ルカ伝に「父よ、彼らを赦し給え。その為す所を知らざればなり」「父よ、わが霊を御手にゆだぬ」というのがある。イエスが敢えて「神」と言う時は、引用に違いないのである。

二つ目の理由は、この詩に謳われた事柄の中に、十字架の場面に酷似した描写がある、という事実である。「すべてわれを見るものはわれをあざみわらひ口唇《くちびる》をそらし首《かうべ》をふりていふ」「わが手およびわが足をさしつらぬけり」「かれらたがひにわが衣をわかち我がしたぎを籤《くじ》にす」、そして、「ヱホバは……その叫ぶときにききたまへばなり」とある。マタイは、明らかに読者に詩編二十二を想起せしめようとしている。

滝沢は、マタイがイエスの叫びを公案としてここに置いた、と言う。[28] 我々は、逆説的表現をとるこの詩篇を、そのまま公案と見なしてもよいだろう。イエスの叫びは、この公案に対する解答であり、それ自体が公案である。

もっとも、マタイの想定する読者層はこの詩篇を知る者に限定されることになるが、その点に関しては、「なぜ、見捨て給うか」という言葉が入っていない福音書との関連が重要になる。ルカとヨハネがこの言葉を書き残さなかったが、十字架上の他の言葉を記録することで、イエスの心を伝えようとしたからであろう。そうすれば、その心が、聖書の「詩編」に親しみのない異邦人にも受け取りやすくなる。結果的に、この詩篇の真意が露にされ、四つの福音書が互いに補い合う形にまとめられたことになるのである。[29]

註

（1）滝沢は、福音書全体が禅で言う公案である、と言う。（『聖書を読む　マタイ福音書講解　七』、岩切政和編、創言社、二〇〇三年、一七八頁）。公案は本来問いとしての課題であるが、公案に対する解答も難解であるのが一般だから、他者にとってはやはり公案のようなものである。ここで、滝沢が示す「公理」を「公案」になぞらえたのは、このような意味に於いてである。福音書という公案から導き出された解答が、滝沢の思索人生に於いて真に公理として一貫性を示しているかを問うことが、この論考の意図である。滝沢の「公案」が、神秘主義と関わりがないことを示すために、筆者は敢えてこれを「公理」と称した。滝沢にとって、現実世界は特異現象などを待たずともそのまま神秘であった。他方で彼は、使徒たちの神話的な表現は、最も厳密かつ的確な論理的表現だ、と言う。（『瀧澤克己著作集　第七巻』法蔵館、一九七三年、三〇二頁）。また、福音書にはイエスの神秘化はないと言う（『聖書のイエスと現代の人間』滝沢克己著、三一書房、一九八一年、二〇九頁）。この事情は「奇跡」にもあてはまる。人間がここに存在すること自体が奇跡なのである。（『聖書を読む　マタイ福音書講解　二』岩切政和編、創言社、一九九三年、一七一頁）。

（2）初期作品の論集としては、他に著者の没後に編集・発行された『神のことば人の言葉――宗教・歴史・国家』（滝沢克己著、創言社、一九八五年）がある。

（3）『カール・バルト研究　滝沢克己著作集　第二巻』創言社、一九七一年、四六頁。
（4）同書、八五頁。
（5）同書、八七頁。
（6）同書、一二一頁。
（7）同書、一二五―一二六頁。
（8）同書、一九一頁。
（9）同書、二四六―二四七頁。
（10）同書、二四八頁。
（11）同書、二五一―二五二頁。
（12）同書、二四七―二四八頁。
（13）同書、三三二頁。
（14）同書、三三四頁。
（15）同書、一九二頁。
（16）『現代の医療と宗教』創言社、一九九一年、三〇三頁。
（17）『滝沢克己著作集　第二巻』一九二頁。
（18）『神のことば人の言葉――宗教・歴史・国家』二一二頁。
（19）『カール・バルト研究　滝沢克己著作集　第二巻』三三三―三三四頁。
（20）『聖書を読む　マタイ福音書講解　八』一五九―一六二頁。
（21）同書、一六二―一六三頁。
（22）同書、一六三頁―一六五頁。

(23)同書、一六五―一六八頁。
(24)同書、一七〇―一七四頁。
(25)『滝沢克己・最晩年に語ったこと――人は何を支えにして生きるか――』滝沢美佐保篇、中川書店、一〇二頁。
(26)『聖書を読む　マタイ福音書講解　八』一七四―一八〇頁。
(27)『滝沢克己・最晩年に語ったこと――人は何を支えにして生きるか――』六三頁。
(28)『聖書を読む　マタイ福音書講解　八』一七八頁。
(29)共観福音書に共通するのは「叫び」の事実である。叫びの内容としての「言葉」について大切なのは、福音書記者の意図である。言葉の史実性は、第二、第三の問題である、と滝沢は言っている。(『聖書を読む　マタイ福音書講解　八』一七七―一七八頁)

8　滝沢克己の洗礼に対する再考察

金　珍熙

1　はじめに

キリスト教における洗礼とは、イエス・キリストとの「出会い」によって引き起こされる、神の導きと恵みに対する人の応答としての「決断」であると理解されている。それはほとんどの人にとって一度限りの決定的な儀式として、とりわけプロテスタントでは聖餐式に並ぶ聖礼典の一つとして定められている。そのため、一般的にはキリスト者と非キリスト者を分かつ一つの基準として考えられることが多い。このような理解からすれば、滝沢克己（一九〇九～一九八四）という一人の人間においても洗礼は決定的な出来事であったはずである。

滝沢は、一九五八年に日本基督教団社家町教会で佐藤俊男牧師の司式で洗礼を受けた。しかしその洗礼は、彼における決定的な出来事として重要視されることなく、単に「教会の大切さを示し」(1)たものとして、または「具体的な人間の集団としての『教会』は彼の関心の外にあった」(2)ことを表す否定的な根拠として理解されてきた。これらの理解には、出会いと決断によってもたらされる洗礼が、キリスト教や教会への関心と参与を表す決定的な契機であるという見解が含まれている。

滝沢の洗礼に対するそのような理解を裏付けるものとして、次の二つの事実が挙げられる。一つは、彼がキリスト教に触れてから、洗礼を受けるまでに非常に長い時間がかかったということで、もう一つは、洗礼の前後にして彼に注目すべき決定的な変化が見られなかったということである。カール・バルト（一八八六〜一九六八）のもとで本格的にキリスト教を学びはじめた一九三二年から受洗にいたる一九五八年まで、滝沢は二十六年という時間を必要とした。しかも、その長い時間を経てやっと辿り着いた洗礼であったが、それを機に何かの決定的な変化というものが見られないのである。これらの理由から、教会は彼の関心の外にあり、洗礼は彼にとって周辺の事柄であったと理解されてきたと考えられる。

しかし、洗礼は滝沢にとって単なる周辺的な事柄にすぎなかったと断言できるのだろうか。キリスト教に触れてから洗礼を受けるまでの二十六年間、彼がキリスト教から離れたり、キリスト教が彼の意識からなくなったりしたことは、決してなかった。また、彼の神学的展開は、彼の実存や現実のキリスト教と関係のなかった抽象的な観念でもなければ、彼の洗礼は突然思いついた偶然の出来事でもなかった。洗礼にいたるまでの時間と洗礼の前後における変化の根拠だけでは、滝沢の洗礼をめぐるこれらの問題が十分に究明されたとは言えない。

そこで本稿は、これまでの理解とは異なる視点から滝沢の洗礼を眺めてみたい。それは、洗礼が滝沢にとって周辺の事柄ではなく、彼の問題意識の中心にあり、彼の中で働き続けたのではないか、という視点からの試みである。もちろん、この試みは上述の疑問を明らかにするだけではなく、彼の洗礼がいかなる意義を持っていたのか、また、彼の洗礼がなぜそれほど長い時間を必要とし、なぜ大きな変化を起こせなかったのか、という問題に答えられるものでなければならない。

本稿は、このような課題を念頭におきながら、バルトとの出会いから洗礼にいたるまでの滝沢の旅程を辿る。それによって、彼の洗礼に含まれている意義を明らかにしつつ、彼の洗礼をめぐる疑問に答える。最後に、彼の洗礼が現代の私たちに示唆するものを吟味する。

2　現実のパン（一九三一〜一九三五）

私たちが洗礼という視点において滝沢を眺めるならば、彼の中に「出会い」と「決断」という洗礼の基本的な要素を見出すのは難しいことではない。

その《Jesus Christus》はたんにあの時あの処にいただけではなくて、今此処に、わたくし自身の許に、わたくしのあらゆる思いに先立って在ますこと、世の太初から在り、最後まで変ることのない「まことの神・まことの人」《verus Deus, Verus homo》であられることを、言いようのない驚きと感謝をもって覚ったのだ。わたくしは、けっしてわたくしを離れ給わぬこの「イエス・キリスト」に、徹頭徹尾止まることを欲した。(3)

ここでよく表れているように、1934年のドイツ留学においてバルトの神学に触れて間もない時期、滝沢はイエス・キリストを自身の許にいる存在として「出会い」、また、そこに徹頭徹尾に止まろうと「決断」している。しかし、このような洗礼の要素を持ちながらも、彼は洗礼を受けなかった。このことは、出会いと決断という洗礼の一般的なプロセスが彼には機能しなかったということを意味する。一体何が問題であったのだろうか。

現実のパンは、すでにあなたに差出されている。だのにあなたはなぜ、なおその他の可能性に固執して、このパンを食べること、キリスト者と成ることをためらうのか。[4]（ママ）

どうして飢えに迫った人が彼のためにパンが差し出されている時に、殆ど当てにならない「可能性」の故に、既に与えられているそのパンを掴むことを諦めるようなことをなし得るであろうか。[5]

バルトと滝沢の間で行われた「現実のパン」をめぐるこの問いと反問は、一つの手がかりを与えている。滝沢が本格的にキリスト教に触れるようになったのは、西田幾多郎（一八七〇～一九四五）の導きによってバルトに出会ってからのことであった。滝沢はバルト神学に親しみを感じ、キリスト教に心が傾きながらも、バルトとの間の決定的な違和感を覚える。その原因は、バルト神学に対する滝沢の理解がキリスト教の中からのものではなく、仏教を背景にした西田哲学からのものであるということにあった。[6]

神の普遍的な啓示とそれに対する人の神認識の可能性が、実現不可能な原理的な可能性にすぎないと考えていたバルトに、キリスト教の外でイエス・キリストが示すものと同じ真理に出会ったと主張する滝沢は、実現不可能な原理的な可能性を主張していると思われた。そして、目の前に事実的な可能性、すなわち、イエス・キリストという「現実のパン」が差し出されているのに、その他の可能性を探し求める無意味なことに固執していると思われたのである。

しかし、滝沢はそれに納得することができなかった。なぜなら、ドイツのように「聖書を常に眼前に有ち聖書の中に育てられたキリスト教徒」[7]にとっては、イエス・キリストは確かに現実のパンであり、人は他の可能性をあてにする必要はまったくない。しかし、キリスト教に触れる機会すらほとんどなかった当時の日本の状況においては、ドイツにおいて現実のパンと言われたイエス・キリストはかえって最も「非現実的なパン」になってしまう。

ここで「宗教的実存」の問題が浮き彫りになる。イエス・キリストが示す救いの真理にいたる道は、西洋の宗教的実存においてキリスト教が保持してきたケリュグマを通して目の前の現実のパンとして常に与えられていた。しかし、滝沢の宗教的実存において、それは身近にある現実のパンではなかったということである。それでは、彼にとって最も現実的なパンはいかなるものであったのであろうか。

まるで稲妻の閃くように、突如としてわたくしにとって、この哲学がその独特な用語と文章によって表現しようとしているものの何であるか、この著者（西田幾多郎）のばあいすべてが何に懸かっているかが明らかになりました。するとそのとき――とくにそれを意志したというのではないのに――わたくしは発見しました、十三年前のある午後突然にわたくしを閉じ込めて以来、かつて一度もわたくしを自由にしなかった、あの深い、無気味な霧が、残りなく消えてしまっていることを。(8)

この言葉で明らかであるように、滝沢は西田哲学において極めて宗教的な体験をした。彼にとって西田哲学はバルト神学同様にイエス・キリストの真理を指し示すものとして、また、「神の証言」(9)として、さらに、「神学」(10)としての役割をはたした現実のパンであったのである。

ここで、現実のパンであるイエス・キリストとの出会いと、それにともなう人の決断としての洗礼という、伝統的なプロセスが崩壊してしまう。その代わり、滝沢の場合は最も現実のパンであった西田哲学から出発し、バルトを介してイエス・キリストの真理により明確に出会う、さらに、そこから洗礼につながる、という新たな道を切り開く必要があった。しかしそれは、バルトによって原理的な可能性にすぎないものとして否定され、洗礼への道は閉ざされてしまったのである。彼の前には、キリスト教に出会う前の宗教的な実存と真理体験を空白に戻し洗礼を受けるか、あるいは、それを抱えたまま洗礼を拒むか、という二つの選択肢が置かれていた。

3　躓き（一九三五～一九五八）

滝沢は、キリスト教に出会う前の宗教的な実存と真理体験を空白に戻すことも、洗礼を完全にあきらめることも、どちらも選択することができなかった。なぜなら、先述のように彼は「けっしてわたくしを離れ給わぬこの『イエス・キリスト』に、徹頭徹尾止まることを欲し」[11]ていたからである。彼はその真理から離れることも、洗礼を受けることもできなくなってしまった。留学が終わり、日本の宗教的実存に戻った後も、彼はその問題を抱えたままであった。洗礼は彼にとって大きな躓きになってしまったのである。

聖書の権威が私にはますます心から重要になっています。残念ながらしかし、洗礼を受けることを妨げているあの問題は、今もずっとあり続けています。[12]

「あの」神学的問題については、絶えずさまざまな側面から考えています（この問題の射程はどんなに深くて広いことでしょう）。しかし残念ながら、洗礼を受けるまでには至っていません。[13]

この「洗礼を受けることを妨げているあの問題」とは、言うまでもなくバルトによって否定されてしまった西田哲学からバルト神学につながる道であった。そしてその問題は、大きな葛藤として彼を悩ませながら神学的な動力になり、絶え間なく新しい道を切り開くように促していたことが、彼の言葉から読み取れる。

滝沢は焦ることなく時間をかけながら、自分の神学的な立場を緻密に構築しはじめた。その神学は、次の三つの中心的な要素をもって構成される。それはまず、「インマヌエル」という神と人とがともにいる人間存在のあり方を明らかにするものであった。インマヌエルとは、神は人を受け止めたものとして、また、人は神に受け止められたものとして、神と人とが離れることなく一つとして、最初から永遠に決められた存在の根本的な規定である。次に、二義的な構造である。神と人とが一つになっているインマヌエルの根源的な事実から、神と人それぞれの側面からの意義が生み出される。一つは神的側面の意義として絶対性・超越性を意味しており、もう一つは、人的側面の意義として相対性・歴史性の意義である。最後に、一義と二義との間における関係性である。インマヌエルにおける神と人との関係、また、そこから派生する一義と二義における関係は、分かつことのできない一つの状態でありながら、決して混同されることなく厳密に区別され、決して逆にすることのできない秩序を保つものである。この関係は「不可分・不可同・不可逆」という三つの不可として整理された。(14)

このような神学的な展開における滝沢の意図は明らかである。それは、バルトや当時のキリスト教に否定された西田哲学からバルト神学につながる自らの真理体験を、宗教という歴史内部の事柄を超えて現存するインマヌエルという根源的な事実において、神学的に弁証することであった。それによって彼の宗教的実存と真理体験を正当なものとして位置付け、閉ざされてしまった西田からバルトへの道を切り開こうとしたのである。

そのような滝沢の神学的な展開の中で決定的なものが、一九五六年のバルトの七十歳祝賀論集に掲載された"Was hindert mich noch, getauft zu werden?"（何がなおわたくしの洗礼を妨げるか？）である。[15] そこでは、以上の神学的な主張を完成度の高い洗練された形で展開しつつ、最後に次のような問題を提起する。

しかし、もしもわたくしたちが、そこから一見きわめてささいな一歩を進めて、聖書を教会の基準とするばかりでなく、神的啓示の唯一の源泉ないしはまことの神の認識の排他的な原理として立てるなら、わたくしたちはその瞬間すでに、かの唯一の事実そのものにおいて、堅く立てられている人間の限界を踏み越えているのだ。[16]（傍点は滝沢による）

ここで滝沢は、西田哲学からバルト神学につながる自らの真理体験を否定したことが、人間の限界を踏み越えたものであり、「聖書原理」（Schriftprinzip）[17] に固執したものとして批判した。また、この問題が「キリスト教会にたいするわたくしの尊敬と感謝にもかかわらず、そこで洗礼を受けることからこんにちなおわたくしを沮んでいるただ一つの事情である」[18] とし、これは単に自分だけでなく「極東におけるキリスト教の伝道を妨げている最大の障碍である」[19] と理解した。つまり、東アジアにおける宗教的な実存（現実のパン）を排斥することは、神学的にも宣教的にも大きな妨げであるという問題提起である。このことが、二十年以上の時間を費やしながらたどり着いた神学的な答えであったことは言うまでもない。

しかしながら、滝沢が以上の答えを見出したことが、そのまま彼の受洗につながることはなかった。なぜなら、その答えはあくまでも彼にとっての答えであったからである。キリスト教の洗礼は一人の努力で獲得するものではなく、ある人がキリスト教の伝統において受け入れられたうえで、その人に授けられるものである。したがって、滝沢の洗礼が成立するためには、彼が西田からバルトにいたる真理体験の神学的な妥当性を確保することだけではなく、それがキリスト教側に受け入れられる必要があったのである。

たとえ洗礼を受けた後すぐに教会から排除されることが初めから明らかだとしても、私の神学的問題の困難さが洗礼を避けさせる理由になってはならない、とも考えます。しかしそれなら、どの教会へ行ったら良いのでしょうか。私が改革派教会か、あるいはカトリック教会か、または近代主義的な教会かで洗礼を受けたとして、たいした違いはないでしょう。[20]

この言葉でわかるように、滝沢もその問題を明瞭に認識していた。彼は、いよいよ彼を悩ませていた神学的課題を乗り越えつつあったのではあるが、彼の存在と神学を受け入れてくれるキリスト教側の居場所をまだ見出していなかった。洗礼は、彼にとって大きな躓きのままであったのである。

4　和解（一九五八～一九六四）

一九五八年、滝沢は長年にわたる躓きを乗り越えていよいよ洗礼に踏み切る。一体どういう変化があったのだろうか。

ここ福岡の一つの教会が、ありのままの私を親切にも受け入れようとしてくれています。私たちの所の教会指導者たちはほとんどそのことに驚いています。しかし私はあの呼びかけを断るようないかなる正当な理由も見出せません。(21)

それまでの滝沢は、西田からバルトにつながる道を開きながらも、洗礼を受けるにはいたらなかった。キリスト教の伝統の中に、彼の存在と思想を受け入れてくれる居場所を見出すことができなかったからである。そこで彼を受け入れてくれる存在として、佐藤俊男という牧師と社家町教会が現れた。(22)つまり、滝沢が長い時間求めていた神学的な答えとそれを受け入れてくれる居場所がいよいよ備えられ、洗礼はもはや躓きではなくなったということである。

そこで滝沢は一九五八年のクリスマスに洗礼を受けることにし、早速それを恩師バルトに報告する。バルトはその知らせを聞き、心の奥で滝沢の洗礼を待ち続けていたと喜びながら告げる。そしてバルトは、滝沢が長年にわたって提起してきた神学的な課題である教会の外における神認識の問題に触れる。そこでバルトは、滝沢が自分に対して「聖書原理」と批判したものは不当であるとし、自分はイエス・キリストの存在と働きを教会の内外を超え、包括的に理解していると主張した。[23]
この返事は、滝沢に真剣に向き合ってくれたバルトのはじめての応答であったため、滝沢は感激しつつ、長文の手紙で自分の問題意識をもう一度思いきりぶつけた。

先生は、この永遠に支配的な源としての事実が、「あそこで当時」ゴルゴタで起こったあのことを通して初めて実在的かつ事実的になったかのように、したがって以前は単なる一つの可能性あるいは単純な「手続き上の何か」だったかのように考えまた発言しておられることを、私は見逃すことができません。[24]

この言葉は、永遠な地平における第一義の事柄と歴史的な地平における第二義の事柄の間の三つの不可の関係、とりわけ、不可逆の関係をバルトが厳密に守っていないのではないかという滝沢の批判である。これは新しい問題提起ではなく、西田からバルト、そして洗礼にいたる旅程において滝沢が積み重ねてきた問題意識であり、滝沢のすべての思いが凝縮されたものであった。

しかし残念ながら、二人の立場が一つになることはなかった。滝沢のすべての思いが込められた問題提起に対して、バルトは滝沢の洗礼を祝福しつつも「長く浸っていた単純なグノーシスから、小さく、貧しい、しかし決定的な信仰告白へと移りゆかれる」[25]という最終的な見解を示した。このキリスト教の真理ではないものとしての「グノーシス」というバルトの言葉は、言うまでもなく滝沢が大事にしていた宗教的な実存と真理体験を指すものである。そして、バルトのこの言葉は滝沢の中で寂しく大きく響いたのではないだろうか。また、その言葉によって、それ以上思いをぶつけて問題提起をしても、そこには渡ることのできないバルトとの距離を滝沢に実感させられたのではなかろうか。

しかしこのことは、二人の決別を意味するものではなかった。むしろ、適切な距離を保ち緊張が溶けた関係に落ち着くことになったと考えられる。

> 先生の説教をお読みする時は、いつも神学的な意見の相違を、残念ながら私には今もなお残っているのですが、忘れてしまいます。(26)

この「忘れてしまう」という彼の言葉には、多くの意味が含まれていると考えられるが、とりわけ、バルトとの相違をありのままに受け入れながらそれを乗り越える円熟さが伺える。

このように、滝沢の洗礼は、出会いと決断という一般的な意味を超え、彼の宗教的な実存の問題から神学的な葛藤、さらに、和解にまでその意味を広げるものであった。そして、彼は最終的に洗礼に対する次のような見解を示す。洗礼はそれによって何かが根本的に変わるような出来事でもなく、人を根本的に規定するものでもない。彼によれば、洗礼は一つの「徴」である。しかも、それは二重の意味を持つ徴である。一方では、人の条件には左右されずに、すでに成立しているインマヌエルの原事実を歴史内部の一つの特定の形として現す徴であると同時に、他方では、キリスト教の歴史において、そのインマヌエルの原事実に目覚めたこと、そして、自らも学び、人にも宣べ伝えるように決意をも現す徴なのである。[27]

5　おわりに

以上本稿は、洗礼が滝沢の問題意識の中心にあり、彼の中で働き続けていたという視点からの検討を行ってきた。以上の検討によって、出会いと決断という一般的な意味を超えたところから、滝沢の洗礼の意味が繰り広げられていたということが明らかになった。バルトを通してキリスト教に触れた滝沢は、イエス・キリストという存在に出会い、また、そこに徹頭徹尾にとどまろうと決断した。しかし、その出会いと決断は、そのまま彼の洗礼につながるものではなかった。それはむしろ、洗礼にいたる長い旅のはじまりであった。その旅は、現実のパンとして宗教的な実存から出発し、大きな躓きとして苦悩を抱えながら神学的に高められ、バルトおよびキリスト教との和解に導くものであった。

これらの検討は、滝沢において洗礼が中心的な関心ごとではなく、周辺的な事柄にすぎないというこれまでの理解に反して、洗礼が彼の問題意識の核として働き続けていた本稿の視点を裏付けるものであった。また、それまでなかった新しい神学的な道を切り開くと同時に、その答えを受け入れてくれるキリスト教の中の居場所を見出すために、彼の洗礼があれほど長い時間を必要としていたことも明瞭になった。さらに、彼において洗礼とは人を根本的に規定する基準ではなく、インマヌエルという根源的な事実とキリスト教の伝統とを二重の意味で現す一つの徴にすぎない。そのため、洗礼は彼にとって根本的な変化を必要とするものではなかったということも理解することができた。

それではこれまでの本稿の検討は、今日を生きる私たちにいかなるものを示唆しているのであろうか。本稿で確認した洗礼をめぐる滝沢の悪戦苦闘は、私たちが立っている宗教的な実存そのものに目を向かわせるものであると考えられる。滝沢が新たな神学的な展開を繰り広げ、洗礼に対する豊かな意義を示したのは、彼の置かれていた宗教的実存に向き合い、また、そこを通してイエス・キリストに出会い、さらに、決してそこから離れることがなかったからである。このような彼の姿勢は、自らの宗教的な実存に固く立ち、そこから自らの信仰と神学を築き上げることの大事さを示しているのではなかろうか。

そしてこのことは、先述の滝沢の言葉のように、宗教的背景を共有する東アジアの文化において共通に言えることである。すなわち、私たちが、自らの根底に活動しているインマヌエルという「原事実」にしっかりと足がついているかどうか、また、その真理を体験しつつ日々を送っているかどうか、ということを問いつつ、自らが置かれている宗教的実存をより大事にする必要がある、ということである。この問題にしっかりと向き合うことによって、私たちの宗教的な伝統や告白、洗礼がはじめてその意義を発揮することになる。なぜなら、私たちがどういう宗教的な伝統においてその真理に気づいたのか、また、それがキリスト教であるかどうか、さらに、洗礼を受けているかどうかという事柄は、私たちがそのインマヌエルという事実を生きているということを確証するものではないからである。この意味で、私たちの根底にあるインマヌエルという一点を見つめ、そことどまる限りにおいて、洗礼に対する狭い理解や偏見、排他性を乗り越えることができ、私たちの宗教的実存が導く多様性が豊かに実るのではなかろうか。

注

(1) 森泰男「『もの』と『しるし』――アウグスティヌスから見たバルトと滝沢克己」『滝沢克己：人と思想』新教出版社、一九八六、一五一頁。
(2) 浜辺達男『滝沢克己とバルト神学』新教出版社、一九七四、一六八頁。
(3) 滝沢克己『宗教を問う』二九七頁。
(4) 同上、九〇頁。
(5) 滝沢克己「信仰の可能性について」『瀧澤克己著作集』2、法蔵館、一九七五、五〇―五一頁。
(6) 滝沢克己『宗教を問う』三一書房、一九七六、八九頁。
(7) 滝沢克己『瀧澤克己著作集』2、八六頁。
(8) 滝沢克己『宗教を問う』八六―八七頁。
(9) 滝沢克己「西田哲学の根本問題」(一九三六)『瀧澤克己著作集』1、法蔵館、一九七二、一九一頁。
(10) 滝沢克己『宗教を問う』四六頁。
(11) 同上、二九七頁。
(12) S・ヘネッケ、A・フェーネマンス編、寺園喜基訳『カール・バルト＝滝沢克己往復書簡 1934-1968』新教出版社、二〇一四、六一―六二頁。
(13) 同上、一〇一頁。

（14）金珍煕『滝沢克己神学研究：日本的な神学形成の一断面（韓国語）』モシヌンサラムドル社、二〇一四、第二章参照。
（15）坂口博編『滝沢克己著作年譜』創言社、一九八九、五六―五七頁。この論文は後に「バルト神学になお残るただ一つの疑問」として改題され、全集第2巻『カール・バルト研究』に収録された。
（16）滝沢克己『瀧澤克己著作集』2、四六〇頁。
（17）同上、四六一頁。
（18）同上、四六二頁。
（19）同上、四六三頁。
（20）S・ヘネッケ、A・フェーネマンス編、寺園喜基訳『カール・バルト＝滝沢克己往復書簡 1934-1968』、八八頁。
（21）同上、一八一頁。
（22）滝沢克己『宗教を問う』一〇三―一〇四頁。
（23）S・ヘネッケ、A・フェーネマンス編、寺園喜基訳『カール・バルト＝滝沢克己往復書簡 1934-1968』、一六四―一六七頁。
（24）同上、一七三頁。
（25）同上、一八六頁。
（26）同上、二〇七頁。
（27）滝沢克己『宗教を問う』一〇五―一〇六頁。

Ⅲ

9　滝沢思想からの学び
――残された課題――

堀内隆治

はじめに

滝沢先生は「思想」を特定の思念（イデオロギー）としてではなく、「厳密な意味である人の〝思想〟というのは、全人生の最も基本的な点にかけて、善かれ悪しかれ、それぞれの人がおのずから立てている生命の響き」（『大学革命の原点を求めて』一九六九、二四二頁）であると書き遺している。さらに「われわれ各自の生き方」に深く関係している、とも。そのような意味で、私の個人史――とくに九大大学院時代の大学闘争期――に沿って、滝沢思想から学んだことと先生から遺された課題を記したい。

1　滝沢先生に学んだこと

九大学部時代

一九六一年に九大経済学部に入学。六本松の教養部近くに下宿、文科系サークルに勤しみ、学生運動にも引き入れられた折、滝沢先生と巡り合う縁に恵まれた。その後、本学（箱崎）に移り滝沢先生の授業に出て、サルトル『実存主義とは何か』を読んだり、演習に参加しカール・バルト『福音主義神学入門』（独版）を読んだり、さらに大学院進学時には大学院演習に押しかけ、ヘーゲル『キリスト教とその運命』（独版）を読んだりした。

最初から滝沢先生の独特な人間理解に心動かされて、便利なコピーの無い時代、滝沢論文を借りてノートに筆写したこともある。いま思えば大学の自治の根拠、人間の自立の根拠を問い続ける滝沢先生の声に促されたのである。

自分の所属は経済学部で専ら、マルクス『資本論』とくに冒頭からの価値論――労働と価値について、なんとか自分なりに了解したいと勉強を続けていた。そんな折、滝沢先生の経済法則に関する論考（「〝経済法則〟の性格にかんする一哲学徒の省察」）に遭遇し、全く異質の世界からマルクスが照射された思いにかられた。併せ、滝沢先生の論文を媒介に宇野経済学（宇野弘蔵先生の原理―段階―現状分析）を学ぶこととなり、従来の階級闘争論から人間主体論への視座の転換を模索した。

滝沢先生から学んだのは、人間自立の根拠であり、人間が、どんな状況にあろうとも生きることができることの根拠であった。それは人間そのものの力（能力や努力という、いわば仏教に言う〝自力〟）ではなく、人間を超えるが、人間を脚下で支える大いなる力、いわば人間が私しえない（私物化しえない）原点、人間にとっては自らの主体、自らの計らいが消滅する点、ゼロ点であった。

六十年安保の敗北による挫折からの再建にも関わらず、新しい党派建設運動は兄弟争いともいえる激しい内部抗争に突入していった。党派闘争の一方に加担し、党派闘争を遂行することを得ず、ましてや、それに代わる闘争論・運動論を描き得ず、いわば前線から離脱した私には、その時から、事物はどうやって認識しうるか、真実はどう認識されるかが最大の問題になった。滝沢先生の近代的認識（人間を主とした認識）の虚妄、いな驕りへの根底的批判が心に沁み通った。いわば、すがるような思いで滝沢論文を筆写した日々が思い出される。

九大ファントム闘争

一九六八年六月二日、九大箱崎キャンパスに米軍板付基地のジェット偵察機RF‐4Cファントムが建設中の電算センターに激突炎上し、板付基地撤去運動が突発した。その渦中で私は滝沢先生と同じ場でお会いした。滝沢先生の原点論は〝人間共通の低み〟〝ただの人〟として学内外の人々の心をとらえた。人が生まれて以来、身に着けた地位、身分、財産、学識など一切の属性が、時として私個人の持物として人の上に立つ属性となり、ますます人を真理から遠ざける、そこに近代の人間の真の病巣があると、先生は言い続けた。九大反戦青年委員会やべ平連・一〇日の日デモに結集した人々、全学集会提案に署名した一三五名の教員・学生は、そのような先生の呼びかけに最も真摯に応じたノンセクト集団だった。

滝沢先生の眼目は勿論、体制的な権力支配の批判にあったが、同時に新左翼・反代々木党派への党派闘争さらには「内ゲバ」批判にあった。スターリンを批判している新左翼がスターリン主義に堕ちていると批判を強めた。結論として階級敵を打倒する組織主義を批判し、〝汝の敵を愛せよ〟というイエスの言葉で〝平和革命〟の可能性を説いた。

滝沢先生の全学へのアッピールに促されるように反戦、大学再生の声を上げ続けた私は、その訴えに共鳴しつつも、人間主体を支える原点への覚醒だけで、果たして世の中は変わるのか、世の中の権力構造へのもっと直截な切込みが必要ではないのか、と問い続けた（『思想のひろば 6』創言社、「滝沢先生とマルクス」参照）。敵をも愛する平和革命と階級敵の排除をやむなしとする権力闘争の間を揺れ動いたのである。

大学立法反対闘争

一九六九年一月五日未明、ファントム機体は闇夜の内に引き降ろされ、機体問題は物理的には解消された。全国に吹き荒れ、東大安田講堂闘争で頂点を迎えた全国全共闘運動への機動隊導入を節目に大学立法の導入とそれへの激しい闘いが続いた。九大学生運動も代々木系から反代々木・新左翼系自治会へと転換し、全学封鎖が実行され、自主ゼミ運動が始まった。ファントム闘争での萌芽は芽吹いたのだと思えた。

滝沢先生の原点（根源的関係構造）は大いなる力として、歴史上の人格を通して我々に発現する。

それがイエスであり、仏陀であり、はたまた親鸞である、と。仏陀という称名が「覚者」ということならば、イエスも神の声への覚者である。そのような秀でた人格を通してしか神や仏の声は私達に届かない、そう滝沢先生は言われていると、私には思われた。

先生は、イエスの位置に仏陀及び親鸞を置くことは洋の東西を理解し合う、東西融合の道だと言われたように思う。先生の大いなる力と歴史上の人間の苦悩・至福はイエスしかり、仏陀・親鸞しかり、また夏目漱石しかり、ドストエフスキーしかり、と無限の連鎖をなす。いわば同一の地平に在る垂直的な歴史的人格である。極めて歪んだ形態だとしても、私たちもその連鎖の一部に連なるのだろう、と。

ただ、イエス、仏陀、親鸞と私たちが決定的に異なるのは、私たちの現実的人格が決定的に歪んでおり、イエス・仏陀・親鸞に帰依する以外に歪みを正す道がないことである。その点を『聖書』はイエス・キリストにおけるペルソナの神・人二重性として表現している。バルトは、その一点によってのみ信仰（真理への覚醒）は可能といい、滝沢はイエスは神に最も近いと言えども、なお人であり、その点では仏陀を通しても、親鸞を通しても信仰は可能だと譲ることなく拘泥した。その拘泥に私は共感を覚えた。

滝沢先生への共感を支えに、ファントムから大学立法、さらには一九六九年一〇月大学問題の暴力的解決（機動隊導入）へと進む中、一九七〇年三月の博士課程退学を迎えた。経済学徒としての『資本論』の労働価値論理解は壁にぶつかったまま、助手を経て下関市大に就職することになった。結局、人間主体とは何か、人間の解放とは何か、つまりは人間が生きるとは何か、おぼろげなままに、唯一、そのような私でも〝生きられる、生きることができる、生きることが許される〟という滝沢原点への共感を胸に九大を去ることになった。九大を去るに当って、一九六八～六九年時の忘れ得ない滝沢先生の言葉を示そう（『あの日、あの時、この時代』花書院、二〇一八からの転載、一部補正）。

（補注1）一九六八年バリケードの中で。九大反戦青年委と諸派全学連がつくった機体現場のバリケードに個人として訪れた先生はほとんどない。その稀有な教官の一人が滝沢先生である。ある日、立てこもる学生を訪れ、熱い砂埃に座り語っておられた。何をかは記憶にないが、その姿に私は聖書のイエスを見る思いだった。それは人々に責められる女の足元に座り、「罪なき人あれば、この女に石を投げよ」と言っているかにみえた。

そのような時、「私は不遜にも〝原点はどうやってわかるのですか〟とお尋ねしたことがある」。私は一九六二年以来、身近な内ゲバに悩み、「党派闘争」を理解しがたかったからである。先生がどう答えられたか記憶にない。しかし、一九六九年に出版された『大学革命の原点を求めて』の全編がその答えとなっている。「何よりも先ず第一に、自分自身が世の一切の特権、みずからの特殊な資格から決定的に手を放すこと、事実存在する一個の人として真に自由に生きかつ考えること、まったくのただの人として歓んで生きかつ死ぬこと」（同上、三一三頁）と。また、先生はこうも言っている。

「人間の根源的本質の直覚（理解）と現実形態の知覚とは……連続的に移行しえない断絶がある」（『「現代」への哲学的思惟』三一書房、一九六九、二四頁）。人間が「生きること」と「生かされていること」との区別と連関を垣間見た思いであった。

同じく、そのような折であったと思うが、日に日に激しくなる党派闘争、「内ゲバ」の現実を前にし、また一九六八年八月二十三日の反対派学生の「暴力事件」、その後の反戦学連さえもの「武装闘争」（ちゃちなヘルメットと角材等の所持に過ぎなかったが）の現実を前にして、こう話された。「聖書のイエスでさえ、人々の偽善に怒り、彼らが集う宮で商いの物を毀し、商い人を追い出し、宮を壊ったのです。いま、イエスのそのような行いを思い出す」、そんな趣旨であった。

一九六九年一〇月一四日、九大全学部に県警機動隊が導入された。経済学部大学院で私は「そのままの不退出」を申し出たが受け入れられずに、滝沢研究室を訪れた。機動隊導入直前最後の夜である。「その緊迫したなかで、滝沢先生は断食に入られた。その時、〝先生はどうやれば社会がよくなると思いますか〟……〝先生は権力に甘いのではないですか〟など口はばったく申し上げた記憶がある。……先生は〝戦前はだめだったかもしれないが、これからは大丈夫です〟と噛み締めるように言われた」（堀内、同上書、三一頁）。その直前に出版された本（『大学革命の原点を求めて』の「序にかえて」（一九六九．四）で「九大反戦のH君からは〝少し調子がよすぎる〟と言われた」と書かれ、また、「太平洋戦争の過ちを、もっと大規模な形で繰り返す」とも警告されている。あの夜の先生の言葉が蘇る思いである。

一九六九年、機動隊導入後のことだったと思うが、名島の先生のお宅を訪ねたことがある。先生は好きな酒をすすめ、話が興じて、当時、話題となった伊東光晴氏の論文に触れ、「社会主義社会における価格について、われわれはもっとしっかり考えないといけない」と言われた。宇野理論を学ばれ、スターリン論文を批判した先生が、将来の経済システムに思いをはせておられた。

いずれも肉声で聞いた言葉である。私にとっては忘れられない言葉である。

2　九大を去って——滝沢先生からの宿題

汝の敵を愛せるか？

一九七〇年秋、下関に転居。新しい生活が始まった。早速、下関市民からのお誘いで市民の会とか北九州のカネミ油症の患者支援とかに関わることになった。〝ただの人〟で生きたい、そういう思いが溢れた。しばらくは柳川・伝習館闘争の渦中にあったK先生のところにも通った。マルクスの労働価値論をK先生からの挑発を受けながら続けた。

そのような折、市民運動で知り合ったMさんの主宰する「九州住民闘争合宿運動」に誘われて参加した。水俣発の九州・奄美を中心とする地域住民運動であったが、後日、北海道で「地域シンポ」を発信し続けたHさんと合流、新たな地域に根差す社会運動の可能性を追求した。私なりの滝沢先生からの宿題を解こうとする試みであった。

合宿運動は「地域」、「連帯〔ネットワーク〕」を鍵概念とし、「腹を割って話そう」と泊まり込みの合宿形式を専らとした。Mさんが「九州サークル」の最後の事務局会員であり、党派ではない自立した集団つくりを目ざした。合宿は九州一円の反開発・反公害運動を組織する人々の集まりとなり、さまざまな地域からの報告が行われ、時に全国に連動する統一運動の提起も行われた。私自身は階級闘争論に代わる「地域論」を試み、「少数者の論理」にも思いをはせた。「存在が意識を規定する」史的唯物論を始点にしながら、地域で生きる個体、個体の生存の場の論理を問い続けた。地域に内在する生産力（生態的自然力）を根本に国家主義的（資本制的）大規模開発に抗う方途を問った。

滝沢先生はマルクス主義的党派闘争論にも厳しく、被存在規定の階級打破では、マルクスが求める類的解放は実現できない、階級闘争論と人間解放のあいまいさが、歪んだ党派闘争をもたらし、内ゲバ（暴力的＝階級的抗争、「人民の敵」論）を招来すると論した。

〝汝の敵を愛せるか〟が党派主義を超える一点である。滝沢先生は次のように諭された。「後期資本主義（国家独占資本主義）時代にあって、有産階級（企業管理者、資本所有者等）といえども、〝社会主義社会〟へと意識転換することは可能であり、そこに平和革命の道が開ける」と。

暴力革命をなす能わず、議会制民主主義を前提に、後期資本主義の生産力再編を企図するとすれば、市民＝住民の生きる場での徹底的・根底的な学びを通して、どんな階級的位置にある人と言えども、生きる場の根源的関係、新しい社会への道程に〝覚醒〟せねばならず、覚醒できる希望がある、私は滝沢先生を胸に地域に生きた。

しかし、〝汝の敵を愛せよ〟とは至難の事である。地域での経済的利害、精神的対立が階級的憎悪を掻き立てる。国家規模的に投下される大金が地域の判断を歪める。地域の根差した反対運動が、いつの間にか少数者となり疎外される。合宿運動では「少数者の論理」を論じ合ったこともある。例えば、悪しき選挙運動のごとく、無条件に多数を目指すのではなく、運動の大義を大事にし、少数者である歴史的意味を問うべきだと。

私は下関市で下関沖合人工島計画に反対し、一九八六年、「なして？人工島の会」を友人たちと結成した。以降、三十二年間、計画未実現、漂流を続ける人工島に異議を唱え、季刊通信をいまだ発行し続けている。全くの少数運動であるが、滝沢先生の声に励まされてである。

私にとって天皇とは?

そのような折、滝沢先生のイザヤ・ベンダサン批判の書『日本人の精神構造』(一九七三)が出版された。その中で先生は、天皇制に触れている。歴史上の天皇制と天皇を区別し、天皇人格を日本人の国家的収斂の点として評価している。昨年からのファントム五〇周年記念誌出版準備で気が付いたことだが、それ以前、既に一九六八年、学生運動の党派性批判の中で日本国家の原点としての国家中枢の座、そこにおける天皇人格を述べていることである(「二十世紀後半の革命と大学」、九大新聞五七八号)。いわば先生の原点思想は深く国家と天皇に結びついていたことになる。

イエス・仏陀・親鸞・天皇という一連の原点である。それを通して個々の人間は絶対不可逆な根拠に支えられている。滝沢先生の所説は、そう読める。勿論、歴史形態としての天皇人格は絶えず厳しい審きにさらされており、天皇制か共和制(大統領制)かの選択は厳しく私達に迫っているが、安易に「国家権力の絶滅」(レーニン)と叫ぶことはできない、と。

『思想のひろば6』の拙稿末尾に書いたように、この滝沢先生の言葉は私に大きな課題を残した。大きな疑問といってよい。イエスと仏陀と親鸞を歴史的に秀でた神・仏に限りなく近い人格として受け入れても、果たして同じ地平で天皇という座・地位にある者を原点を映す人格として受け入れることができるだろうか。では天皇とは何か。世襲制(万世一系)の中で天皇という名前だけを持った具体的な歴史上の人格は何か。そんな疑問である。イエス、仏陀、親鸞は一人格として、歴史的な個人としての営みが問われる。では、世襲制の天皇はいかに？　世襲制だから天皇人格は純粋に神性な座を映すかもしれない、との考えもあろう。しかし、歴史的に現れた具体的人格を通じて神への覚醒が可能とする論理とどう整合するであろうか？　疑問は尽きない。

私の人生にあっての天皇とは？　一九四三年生まれの私は戦後の敗戦——独立時に小学生への入学を迎える。天皇の行幸があるというので国旗を振りながら天皇を迎えた記憶が残る。また、学校の朝礼で国旗掲揚があり、国歌を唄った。母の里に行けば仏壇の上の鴨居に天皇・皇后の大きな二枚の写真が懸けられていた。少し違和感を覚えたが、深い疑問を抱いた記憶はない。何も考えなかったと言っていい。

正面から天皇・天皇制に直面した記憶は、下関の市民運動の中であった。三つの事柄を挙げよう。一つは、教職員組合（下関）の地域学習会に誘われる中で、日の丸・君が代への疑問が生じた。日の丸・君が代が戦前期いかなる役割を果したか、とくに朝鮮や中国で、が問われた。私はスポーツが好きでね、日の丸が上がると涙がでるけどね、と率直に個人の思いを漏らした先輩の教師の声にも心揺すられた。朝鮮籍の在日の友人からは、日本人は日の丸・君が代が嫌なら、別な国旗・国歌をつくったらいい、と揶揄された。この言葉によっても、自分の不徹底を知らされた。

次は、北九州市若松区の高等学校で起きた「小弥事件」（一九七九年三月）と、それを機縁とした市民講座・滝沢講演会である。小弥事件とは、若松高校の卒業式で音楽教員（小弥信一）が君が代のピアノ演奏をジャズ風にアレンジし、不謹慎だと処分（分限免職）された事件である。私達は例年、市民講座を開催していたが、小弥事件に連動して天皇・天皇制をめぐる講演会を滝沢先生にお願いした。

天皇と天皇制（人格と制度）

滝沢先生は天皇と天皇制（天皇を神格化し、支配権力が利用する）を区別する。古日本人の一点に収斂する原点として天皇という人格があり、現代の天皇制（象徴天皇制あるいは立憲君主制）がどうあるべきか？　共和制（大統領制）に変えるべきか？　日本人が脚下の根源的関係に覚醒していない場合、事態をより悪くする場合もありうる。根源的関係への覚醒こそ問題であると述べられた。

先生の言葉は至言であるが、教育現場は国家主義的統制が強化され、日の丸掲揚、君が代斉唱の強制が進行した。憲法が保障する信教の自由など全くなきが等しい状況が進んだ。

山本―滝沢往復書簡（『朝日ジャーナル』誌上、一九六九年）での「否定即肯定」という滝沢先生に「否定につぐ否定、その先に何かありうるとすれば」とあえて異を唱えた山本義隆に心動く状況があった。

そのような市民社会を超えて天皇問題が自らの職場（大学）に侵入してきたのは、一九九八年度下関市大卒業式での日の丸非掲揚事件である。市大は一九九八年四月学外からS新学長を迎えたが、それまでの宿阿の解消を図るべく教授会は年度の卒業式では日の丸の掲揚を取りやめる（その壁には何も掲げない）ことに決定した。その理由を十分に論議した訳ではなかったが、大学の式典に相応しくない、東大だって掲揚していないなど、日の丸掲揚を忌避する雰囲気があった。

ところが、日の丸の非掲揚が卒業式前に報道関係に流れ、世間的な事件になった。時、広島の高校校長が君が代斉唱問題で自殺する事件が起こる御時世、大学正門周辺に市大は非国民、国賊など激しいビラが貼られ、黒い街宣車が大声を上げる騒ぎとなった。市からは（市大は公立大）、慎重なる判断を、と異例の通告がある。行政的理解では止めるようにということである。それでも掲揚を止めるか？　数名の管理職教員間で対立が起こり、学長の判断で非掲揚中止を決定した。

学長が卒業式に先立って日の丸掲揚存続（掲揚中止の中止）を学長判断として公表し幕引きがなされた。常日頃の教授会の闊達な議論はなく、重苦しい雰囲気だけが大学教員を支配した。これが日本の天皇制の現状だと痛感した。何故、こうなのか。これを何社会と表現するのか、底知れない疑問だけが残った。

天皇制の闇に向かって

これら一連の経験から、いまだ日本は歪んだ天皇制があり、天皇に関連することには自由・闊達に物が言えない状態があると肝に銘じた。留学したイギリスでは違っていた。同じ立憲君主制だが、イギリスは王制であり、日本は依然として国体である、国家制度としての王制と国体（国の形）とは違う。王制（君主制）は政治制度だが、国体は天皇制を中心とした日本国の在り様である。

留学時、新聞に皇族への予算削減、予算保障の皇族削減が報じられ、女王の船への予算も問題になっていた。女王は財産があるから予算は結構と胸を張った。また、the Queen Mother（皇太后）の葬儀報道では、王制は必要なのかと、おおらかな議論がラジオを流れた。王制か共和制か、その是非はという議論は普通、当たり前であり、本当に空気の流れがいい。
それに比べて日本は？　山口県で緑の全国大会が開催され、天皇（皇族？）が来県する行事があった。事前の防犯（私の友人も危険人物とかで監視された）や会場の整備（緑の木々を伐採する）で大騒ぎである。天皇の根源的関係を映す神性を問う前に、目先の天皇制の空気の悪さを清くすることが必要だ。眼前の天皇制を清浄化することが先決で、憲法に明記された通り、「国民の総意」を問い続けることが大切だと思う。そのためにも人間が生きているという人間中心の思想から、人間が大いなる力によって生かされているという感覚へと覚醒することが必要である。共和制か君主制か、その難題は遠き果てに横たわっている。

（補注2）『思想のひろば　6』の拙稿末尾に「歴史理解も、被差別部落が天皇制（天皇を国家の中枢とする支配機構）の成立と期にしているという最近の通説批判」（四八頁）と書いた。上杉聡『天皇制と部落差別』（二〇〇八）によれば、部落成立は通説であった近世以来（家康以来）から中世（平安末期）十一世紀初頭以来に転換したとある。

その時期は古代天皇制（公地公民制）が崩れ、荘園制の勃興の下で新たな天皇制に転換する時期である。「穢多」等被差別部落民は、京地の穢れをキヨメる仕事を担い、牛馬屠殺、皮革加工のような職業に固定され、天皇を頂点とする支配の秩序を秩序外で支えた、とある（それまでの河原者などの課税対象外の「非人」という枠外の民から、キヨメ職などを課せられる「人」の支配秩序に組み込まれたとはいえ）。

滝沢『日本人の精神構造』ではイザヤ・ベンダサンの批評にそったとはいえ、天皇制を論じた箇所で被差別民のことが触れられていないのは、理解に苦しむところである。上掲の上杉書によれば、最近の部落史の研究は目覚ましく、それでもなお未解明の事が多いと論ぜられている。今回は補注に止めておき、学びを続けたい。

3　終わり

滝沢先生を知って五六年が過ぎた。マルクスと並んで、いつも気にかかってきた。文学部でもなく神学＝哲学を専攻していないのをいいことに、都合のよいところだけつまみ食いをし、困ったときにだけ書棚から本を取り出した。いつのまにか滝沢著の書籍だけは書棚を多く埋めた。何か行き詰まった時、滝沢語録を頭に浮かべて安心の境地を得、安らかに眠りにつくこともある。不思議に滝沢先生の本を読むと生きる励ましを受ける。こんな私でも、明日も生きられるのだと。それこそ思想の力なのだろう。

私が滝沢思想で一番、感銘を受けるのは、誰をも、何事をも絶対化し、神格化しないことである。イエスのみによって信仰が可能というバルトとの長い論争、イエスと同じく親鸞をも等しく敬い、さらに同じ目線で漱石やドストエフスキーと対する態度。同じ姿勢は天皇・天皇制についても一貫している。天皇の歴史的人格に関しても厳しい批判が必要だと。何事にあっても、誰に対しても、ただの人として向き合いながら生きる姿勢。私が学び続けているものである。

10　滝沢哲学において物とは

森松睦雄

はじめに

物とは何かという問題は、ギリシャの昔よりカント（「物自体」）、マルクス（「物質」）に至るまで、哲学の歴史上主要なテーマの一つと言って間違いないであろう。では滝沢哲学において「物」とはどのように把えられているのであろうか。きわめて重要なこの問題を滝沢は「物と人と物理学」（『純粋神人学序説』創言社）に詳しく述べているので、これに従って彼の言うところを辿ってみることにしよう。それに伴って、滝沢哲学の視点もおのずと明らかになってくるであろう。しかし「おのずと」というのは、滝沢哲学の視点が明らかになるに表裏してということである。またその逆に、滝沢哲学の視点が明らかになるということは、物とは何かが分かってくるということでなければならない。物とは何かを正確に理解することなくして、滝沢哲学を正確に語ることはできない。ここで明確にしておかなければいけないのは、見るものと見られるものとの対立構造をいかにして破るか、滝沢哲学ではこれをどのように克服したか、このことの解決なくして物の何かを理解することはできないということである。しかしまた見る主体と見られる対象という対立構造的考え方が単に間違っているというのではない。もしそうであれば、今日までのあらゆる人間的営為の進歩発展の歴史を否定することになる。問題はそれが発展と退廃とどこで分かれるかということではないだろうか。

※「物と人と物理学」は一九八四年四月、日本物理学会での講演の原稿。なおこの論文の副題は「知育と徳育」となっている。物理学と徳育がどこで結びつくかという問題を提示している。これについて中山正敏「物理学者にとって物理学とは何だろうか」(『滝沢克己人と思想』所収)がある。なお、字数の都合で引用ページ表記をすべて省略した。

一　滝沢哲学の「物」とは

滝沢の「物と人と物理学」に従って、物の何かをたどって行くことにしよう。それによると、物というのは、物理学の課題あるいは対象となるかぎりの物ではない。むしろ、植物も動物も物である、人間もまた一種の物であるという「広い意味での物のこと」であるという。では「広い意味での物」とは何か。「広い」とはどういう意味なのだろうか。

「ふつうに論理学でいうような《類概念》――動物、植物、有機物、無機物というようなそれぞれの物に固有な特質を捨象して作り出された**抽象的一般的な類概念――ではない**」。「むしろまったく反対に、すべてそれらの物に独特な形態が、それなしには事実的に存在する物として成り立つことも、持続・発展することも、死滅・崩壊することさえもできない**土台という意味での物**のこと」である。

ではいったい「土台としての物」とは何か。しかしそれは「抽象的一般的な類概念ではない」。「しかし確かに事実存在する」。「ふつうにいう意味で、《これは何々だ》ということができない」。「ただ単純に事実存在する。確かに事実存在するけれども、何々であるということは言えない」。「ただ単純に事実存在する、あるいは、それについて何か言うとすれば、ただ、《これ》と指示することができるだけの《有限の物》」のことである。これを滝沢は「**第一義的な物**」という。

「何々だということは言えない」というのなら、わたしたちは**いったいどうやって、物の何であるかを知ることができるのだろうか**。「第一義的な物」とか「知る」ということが単に概念的な意味ではないとするなら、ここでいう「知る」とはどういうことなのだろうか。概念的理解を否定してそれが論理的・学問的と言えるであろうか。しかし西田幾多郎はまさにこの難問と格闘しその論理的解明の端緒を「判断的一般者」において開いた人（滝沢「一般疑念と個物」）であった。即ち、目の前に何かがあってこちら側に見る自分がいるという構図を破り、それとはまったく別の論理的構造を展開したのである。ではそれはどういうものか、しかし今はそのことについてはしばらく脇においておくことにしよう。このような疑問が起こってくることを承知のうえで、滝沢はさらに論を進めているからそれに従うことにしよう。

ここから少し角度を変えて説明する。「抽象的一般的な類概念ではない」、「何々だということは言えない」という否定的な言い方ではなくて、逆に物のもつ**性質・働き**の面から説明する。

「そうしますと、ちょっと上辷りをするようですが一応、おそらく物理学の対象になるような無機物から有機物、植物、動物を経て人間に至るさまざまな物は、みなこの**第一義的な《物》**の諸形態ということになります。」

「ちょっと上辷りするようですが」という断り書きが示しているように、「抽象的一般的な類概念ではない」と断っていながら、概念的な言い方を脱していない。「では第一義的な物とはなにか」という当然の疑問を呼び起こすことになる。その疑問に応えようとして、物のもつ性質あるいは働きを説明する。

「最初はただ単純に《ある》、《事実存在する》とだけしか言えなかった第一義の《物》が働く物、動く物、他の諸物に関わる物になってゆく、……主体化してゆく」という**性質**をもつ。

ここで敢えて言えば「第一義の物」とは「太初めのもの」ということができるであろう。しかし主体化してゆく過程は、何かが連続的に成長してゆくような具合にではない。たとえば無機物が生命をもつものとして主体化する過程は、前の段階のものを含んでいるとは言え、前段階の無機物の性質をそのまま単純に引き継ぐのではない。いったんその物はそこで消滅（断絶）する、その後出てきた形は「太初めのもの」から生まれ、それから離れることはできない物として出てくる。「太初めのもの」は主体化が最高の段階（人間）にまで至った場合でも離れることはない。そういう意味で「第一義の物」というのであろう。

しかしここでも、なぜ、どのようにしてそのような主体化が可能なのかという疑問が湧き起こってくる。それを心に留めつつさらに先に進む滝沢の歩みに従うことにしよう。

主体化してゆくこと、すなわち物の**働き**について滝沢は次のように言う。

「一個の物が外の物（それ自身ではない物）をそれ自身ではないままでそれ自身の内に、ある独特な意味で《含んで》くる」という働き、主体化の方向を有つ。

すなわち、主体化とは、「その含み方が、積極的・自発的に、深く、広く、かつ細かくなればなるだけ、それだけその物の主体化の段階は高い。……以前の段階を踏まえて以前には見られなかった複雑微妙な構造・力学を備えた組織体になる」ということである。主体化のある段階でたとえば、一つの生物の出現・変化は、ただその生物だけの出現・変化ではなく、「同時にかならず、その生物がその一部としてその中に存在する空間・時間そのもの、特定の内実をそなえた（含んだ）変化である」。さらにまた、その空間・時間の変化はその生物の外界のみならず、生物の内部の変化をもたらし、新たな機能を有つものとなる、それが主体化、進化ということである。たとえば人間的主体の変化（成長、歴史的社会的発展）についても、物の進化という観点、「第一義の物」、「単純な事実存在」の観点から見ることもできるのではないだろうか。即ち「第一義の物」の一形態として人間を把えることができるであろう。物がなぜ主体化するのか、どのようにしてそれを知ることができるのかという疑問に正面から答えることになるのではないだろうか。そのとき物はまったく新たな様相を呈してくる。物は働くものであるのみならず見るものである。即ち自己において自己を見る自覚の観点から考察されることになる。

二　人間存在の原始構造

物が存在するということは、一々の存在形態が「第一義の物」の諸形態であり、「単純な事実存在」から離れることはできない、さらに一々の物の存在形態においてそれぞれの性質・働きを有つ、そしてそのような性質・働きを有つ「第一義の物」の進化発展の最終段階として人間が出現する、というように進化発展するものである。といっても、最初の疑問「第一義の物とは何か」はまだ解決されてない。滝沢は読み手が疑問に思うであろうことがわかっていても、そのままにして論を先に進めることが多い。おそらくそれは後であるいは論文全体を通して読み返したとき、分かってくることだからであろう。

ここから次の新たな視点が出てくる。「これまで私は自己という語を用いませんでした」といい、自己が単に「人間だけに特有のことではない」、人間存在は、有限の事実存在としての「第一義の物」の主体化の極限として現れたものである、という。自己とは他およびそれ自身との関係において出てくる関係である。「どんな物でもいやしくも事実存在するかぎり、存在して働かない、他の物とそれ自身とに関わらないということは不可能」であり、「事実としては、主体でない物が主体でないままで主体的に（いいかえるとそれ自身で）働く（他の諸物に関係し、それ自身に関係する）」ということが、自己の性質であり働きである。逆に言えば、自己あるいは主体化は、物として事実存在することから離れることはできない。

その物の「**主体性・自己**」というのは、

> 「事実存在するその物ないし形が他の諸物に関係し、それ自身に関係する（その物・その形として次の形へと次々に動いてゆく）その仕方に名づけられたものにすぎない。ですからその物の《主体性・自己》というものを、単純な事実存在を離れて実体化することは許されません。事実存在する一個の物ないし形から離れて、ただそれだけで存在することはけっしてできません。」

人間の形から離れては人間の存在も機能・働きもない。人間が事実存在するとは、「《考える》《意志する》《選ぶ》という独特な仕方で他の物や人に関わり、自己自身に関わる」ということであり、それが人間という物である。

「有無を言わさずそういう風に決められている、それが《**人間**》**という物**であり、人間は他の動物と違って《自由な主体》だということ……であります。」

人間という物は、考える、意志する、選ぶとかいうことからけっして自由になれない物として、「第一義の物」につきまとわれた一つの形だということができるであろう。これを逆の立場から見れば、眼前にある物もこちら側にいて見る自分も、ともに同じ平面上にいる、見る自分もその働きじたいも、「第一義の物」の平面の上にあるということである。この線上において見るということが起こっているのである。

しかしまだこれでは真の「第一義の物」の意義は十分明らかではない。なぜなら、「第一義の物」の一つの存在形態として人間が、

「**存在の事実**においても、その**働きの基本的な仕方**においても、そのように（他の動物と違って自己決定的・選択的のように）有無を言わさず決定されている」という。

むろんここでの決定は普通いう意味とは異なる。普通の意味の決定を決定というなら、ここでいう決定は、言わば「決定するものなき決定」或いは「見るものなくして見る」とでもいうべきものでなければならない。このように言うと、「現実を離れる」とか「空想的」とかのように思われるかも知れない。「決定するものなき決定」ということは矛盾である。しかし「無にして見る」とい

うこの矛盾点においてこそ「見る」ことの普通ではない独特の構造がある。矛盾の対立構造を矛盾のままで昇華する構造力学がある。即ち物が働く、表現を有つということは、普通には見えない隠れた働きとの昇華点である。では人間が「**事実的**にも**根源的本質的**にも、このように決定せられた存在」であるとするなら、

「しかし一人の人をこのようなものとして成り立たしめ、事実存在せしめるこの《絶対的な決定》は、いったいどこから来るのでしょうか。」

決定するものの何かを明らかにしなければ、決定の意味も明らかにならない。「知る」とか「分かる」ということがどういうことかも明らかにならない。

「それらの現象〔進化、移行〕が暗示している物そのものの道理――つまり、物が事実存在するということはもともとどういうことだから、物の進化ということが自然法爾に生起してくる、という一種独特な意味で「**必然性**」――を**直覚**・把捉するということがなくてはならない。」そして、その直覚とはデカルトのいうように「親は子の自由意志を産むことはできない」。「子の《自由意志》だけではない、子の事実存在そのものもまた、親の事実存在の内部に潜んでいたとか、単にその延長だとかいうわけにはいきません。子の事実存在はただそれとして認めるほかない**単純な事実**」であることの直覚である。

単純な事実を単純な事実として直覚するのは、そこに止まる（事実が事実自身を限定する）ことによってでしかできない。ここから先には一歩も前に進めない壁にぶつかるのである。その時はじめて、すべて存在する個々の物の根底に通底する単純な事実、「絶対無のノエマ的限定面」としての事実を**知る**、即ち「自己自身の事実存在そのものも、自己のはたらきの高さやすがたの美しさ（一般に歴史的な進化発展という連続の内部）からはけっして導き出すことのできない、そのつどただ単純にそれであり、それを認め、それから出発するほかない**賜物**」として「**眼が開かれてくる**」ということが起こる。ここにおいて「物とは何か」が飛躍的に明確になった。最初に提起した「見るものと見られる対象との対立構造」がここで破られた。見るものが見られるもの、内的知覚即外的知覚である。「知る」ということが単に意識の内側からではない外から与えられる、内が外、外が内として、初めて物である私に明らかになる。「第一義の物」が何であるかを知るために、まず初めに抽象的一般的概念では把握できないとし、次に、その性質とか働きを明らかにすることによって把えようとした。しかしそれでもまだ単純な事実存在、「第一義の物」を直接把握することはできなかった。そして人間存在、特に自己に焦点を当てることによって人間のではない**直覚**（自覚）という観点からそれを把えようとしたのである。そのことによって見るものと見られる対象との対立という構図は破られて、「賜物」とか「眼が開かれる」という仕方で物である私に「**知る**」、「**分かる**」ということが直接起こるということが分かってきた。見る主体（人）は見られる客体（物）と同一線上において直覚（自覚）されている。それ自身において在りそれ自身において見る（無にして見る）ものの直覚に照射されている。この直覚の前では見る主体（人）もまた物（「客体的主体」）である。この直覚に晒されたものとして、初めて物も自己も世界もそれとして（存在論的に）与えられてくるのである。ここにおいて、物を単に認識論的に把えようとしているのではないかという疑念が払拭されるであろう。単純な事実存在がなぜ「第一義の物」であるか、当初にあげた滝沢哲学にいう物とは何かも明らかになってくるであろう。しかしじつはこれまで述べてきたところに、もともと「第一義の物」の何であるかが分かってなければ読めないようなニュアンスのあることにすでに気が付かれていることであろう。「知識には何等かの意味においての**直観**を含んでいなければならない。しからざれば、客観的知識ではない。私の直観というのは、終が始に含まれている過程である。故に一々の過程が始と終を含んでいる」（西田「デカルト哲学について」）ということである。すなわち、人間の事実存在は人間の自由意志、意識によって発生することではない、「人間に帰属せしめられる《**自由意志**》と絶対に偶発的な《**事実存在**》とは、けっして一方から他方を引き出すことができないと同時にこれを切り離すことが絶対に不可能な、人間存在の両極（一にして二、二にして一なる両面）」として決まっている、その両極の元の「第一義の物」のところから見た場合、人間に帰属する自由意志とか事実存在の偶発性、人間の働きと性質がどういうものかが**わかるように**、乱暴なようではあるが、初めから「一方的に」（滝沢『現代における人間の問題』）冷厳なる事実（絶対的被決定）として**決まっている**のである。私たちはこれをただ単純に積極的に受け入れるほかない。しかしこの受け入れは普通に思うように屈辱的ということではない。むしろこの決定に気が付くということは「**賜物**」であり、感謝と喜びをもたらすことである。このことを滝沢は「**絶対的**

被決定即自己決定」と表現する。人間という物の事実存在の構造とそこに特有の力学があり、人間の自由意志や意識を受け付けない被決定性がある。したがって「歴史のある時点、宇宙の一極点」において「人間が事実発生する、事実的に生起する」という、その構造と力学を解明する端緒がここにあると言えるであろう。この被決定性とそこに特有の力学はどのようなものか、この解明作業がいかに困難で陥穽多き道であろうとも、先達の導きを得て、そのように人間を決定したものの何かをさらに問い続けなければならないであろう。

「とすると、この決定の主体はいったい何ものでしょうか。この世界内部に何かがある、誰かがいるという意味では、それは何ものでもない、**全くの無**だというほかはありません。」

これまでのように世界内部の何かにたよってあるいはそこから想像していたのではその何ものかを把えることはできない。自己において自己を見る自覚において自己が対象的に見られる限りその自覚は真の自覚ではない。無にして見るということでなければならない。それは普通の意味でなんらかの人間的働きや特別な才能によって把えることはできない。さらに

「しかしそれは《虚しきもの》だということではありません。」

ここからいきなり「虚しきもの」「賜物」とかいう宗教的な用語が出てくる。唐突を懸念するで

あろう。しかしそれには構わず、なんらの前提なしに言う

「そうではなくて、〔決定の主体は〕真にそれ自体で在り、**それ自身で生きている主体**（永遠に現在するいのちそのもの、それ自身、愛であり光である創造の力）なのです」。「〔その構造と力学は〕**絶対主体即客体的主体**、**神即人**、（即は絶対不可分・不可同・不可逆の即）ということ〔であり〕」、「事実存在する人間の、真実具体的な根源的構造であり、それに**独特な力学**の原点」があると。

わたしたちは、いつのまにか神とか愛とかに言い及ぶことになってしまった。普通に考えれば、そんなことは物とは何かを追求するのになんの関係もないこと、むしろ宗教的・倫理的考えを危惧するであろう。しかしなぜ単純な事実存在が「第一義の物」と言われ、「太初めのもの」が様々な物を「生む物」であるかを明らかにするには、これまでの物の理解ではまだ不十分である。さらに積極的に神の賜物であることをはっきりと言う、そうでなければ物の理解がまだ途中の段階（残念ながら若きマルクスの物質理解はここで止まったために、宗教についての偏見を後世に残した〔滝沢「現代哲学の課題」〕）にあるということになる。この困難を克服するためには、**自覚の中身**、**直観の核心**を究明しなければならない。

三　自覚と神の認識

自覚は単に内省的なものではない。自覚とは自己が自己において自己を見ることである。自己存在の事実を発見したデカルトはここに止まった。しかし「自己存在の事実には人間の自己すなわち**主体性のほんの一かけらも残さない**厳しいもの」がある。この厳しい原本的事実にぶつかるとき、初めてこの事実の何であるか、またそこにある「根源的関係」を自覚することができる。問題はその自覚が肝心な一点において正確なものとなっているかどうかである。デカルトは自己の存在を実体化した。自己の無、無化した自己を見なかった。自己において自己を見る自覚は、自己において絶対の他を見る「直観の原理」（西田「私と汝」）でなければならない。

「人間が本当に自己自身を**自覚**するということは、……他の物と全く同等の、……低処に置かれている、……大いなる限界の自覚、かつまた、この限界こそが真実無限・絶対に自由自在ないのちの光・力の発現点だという原本的事実・関係の自覚である。」

したがってこの自覚は単に人間内部の自覚ではない。太初めから世界を貫通している自覚である。逆に言えば、「もしも人が、**絶対無償の被決定即自己決定**、**絶対無限の真実主体即有限の客体的主体**という、各自の脚下に厳存する根源的関係（接点即限界点）を抜きにして」人間の自覚についてなにごとかを言った場合、それは「人間の自惚れ、第一のロゴス（道・理）に反する**幻覚**」であるということになる。この自惚れ、幻覚を打ち破るのは、「人間が創造的・生産的な主体だという原本的事実」（「絶対の他」）そのもののほかにはない。「人間が自己の存在そのものに秘められたこの真実に惹かれて**身を慎む**」限りにおいてのみ、人間の歴史において積極的、建設的な文化、社会が出現することが可能必然である。したがって足元の厳しい原本的な事実を抜きにした「対象的認識」「**自覚の病巣**」は消滅しなければならない。「自己とか自覚を媒介として考える場合、結局主観的とか意識的とかの枠から脱却することはできない」。（西田「世界の自己同一と連続」）

「**《物》**という**言葉・概念**も、もしそう言うことを許されるなら、たしかに**そのおかげで、私の胸奥に湧き出してきた**ものです」。

「人間が事実存在する」ということにどんな関係・構造・働きがあるかを人間の内側からではなくて、いわば背後から照し出してゆかなければ生きた姿は見えない。なぜなら人間の存在そのものが、人間の働きによって成り立ったものではないからである。その存在と働きの根元（の二重構造）のところから明らかにして行かなければならないということであろう。

四　神の表現点としての物

とすると「たしかに事実存在する、それがなければ人間はおろか石や瓦のようなものさえも事実的に存在することはできない土台をなす物」という言い方は、まだ不十分である。なぜなら単純に事実存在する物が「生む物」、「弁証法的物質」（滝沢「西田哲学の根本問題」、西田「行為的直観の立場」）であることが積極的に明らかにならなければ、「生む物」が「人間とか動物とかいう特殊な**性格**を安易に捨象して得られた**類概念**、**空疎な抽象的な一般概念**」、人間存在をその一例となす所謂「**人間存在の一般原理**」では断じてないこと、それでは人が「知る」とか「分かる」ということもわからないこと、「**物の凄さ素晴らしさ**には夢にも及ばない」こと、になる。そうではなくて向こう側から積極的に見なければならない。今・ここにおいて自己を見、絶対の他において自己を見る弁証法的直観でなければならない。天地逆転のことである。それは即ち、「物の事実存在は、こちらからいうと、まったく何の理由も原因もない、端的に無意味な偶然であるままで、いな正にそのようなものとして、**絶対無相**（無限）、**真実自由自在な主体**、**永遠に創造的ないのち**そのものの**表現点**」という把え方のことである。この理を滝沢は、真実に「在りて在るもの」がそれ自身ではない有限の物として自己自身を**表現**する象面と、有限の物がどこまでも主体ではない有限の物であるかぎりで、絶対無限の**愛**であり**光**であり**力**である真実無相の主体を**表現**する象面と、に厳格に区別する。しかし前者と後者とが対等の関係というのではない。前者が根底でありその上に後者が成り立つ。それが「ただ単純に事実存在する物、物の端的な事実存在の**真実相**」である。このことをこのように正確に言わないことは、まだ物事が正確には見えていないことの顕れとなるであろう。物についてこれまで考えていたことがまだ不十分なもの、極めて消極的で主観的なものであったかが分かる。このような言い方はきっと自分ひとりで納得して、他を寄せ付けない自己満足のように思われるであろう。しかし私たちは眼には見えないが確実に在るこの限界線から進むことも退くことも、不可能であり不必要であり、したがって不可である。物はけっして死んだ、冷たいものではない、「弁証法的物質」、「生む物」である。偏見や思い込みから目を覚まさせ、自惚れを潰すもの、愛の湧出するところである。これが滝沢のいう物であり、滝沢哲学の視点である。大地とか自然とか山川草木すべてがそれ自体は物を表す語でありながら、人を慰め、励まし、あるいは畏怖させ、心を洗い清めてくれる意味を有つことと通じるものがあるのではないだろうか。このことはおのずとわたしたちを日本古来の物の接し方に導いてくれてはいないだろうか。

11　ハイデッガーと滝沢克己

――人間存在の絶対的受動性について――

芝田豊彦

滝沢克己はバルトに出会う以前に、そのハイデッガー論（一九三三年）[1]において、西田哲学の立場から『存在と時間』（一九二七年）に対してかなり厳しい批判をしている。そこでは、「ハイデッガーのいわゆる存在とは、かかる（西田哲学的な）場所の自己限定を場所に於てあるものに即して抽象的に見たものにほかならない」とされ、ハイデッガーの「存在の了解」ということも、「その根柢にかかるもの（＝場所の自己限定）を予想することによって始めて可能となる」と言われる。滝沢の真意に即して言えば、「存在の了解」は、場所の自己限定があってはじめて可能であるにもかかわらず、ハイデッガーにおいては「場所の自己限定」に相当するものがはっきり捉えられていない、ということであろう。そして滝沢は最終的に、「哲学に於ける真の独創は、ただ西田哲学を通してのみ可能である」ことを確認するのであった。

しかし後にハイデッガーの思索は転回をとげ、滝沢も後期ハイデッガーに対して高い評価を与えるようになる。実際、一九六五年にハイデッガーと会った滝沢は、「『存在と時間』に私が不満だったこと、〔…〕しかし戦後たまたま『フマニスムスについて』を読むに及んで、すこぶる面白く、その転回に驚いたこと」(7, 426) を彼に伝えている。さらに晩年の滝沢は、例えば著作『バルトとマルクス』(一九八一年) で西田哲学を紹介して、「それ〔西田哲学〕は、こんにち西洋にこれを求めれば、ひとり後期のハイデッガーの論理に比べることのできるようなものです」(b, 209) と述べている。滝沢はドイツの聴衆を意識してこのように言ったのであるが、逆にこの発言を、後期ハイデッガーに対する滝沢の最高級の賛辞と見なすことも可能であろう。

しかし滝沢自身は後期ハイデッガーについて立ち入って論じていないので、この論考では、上に名を挙げられた『フマニスムスについて』(Über den Humanismus) に即して後期ハイデッガーの思想の核心を紹介し、滝沢思想との比較を試みたい。なお、ヒューマニズム書簡とも呼ばれるこの著作の解釈は、ここでは主としてディルク・メンデ (Dirk Mende) によっていることを最初に断っておきたい。

1　露現と明け開き

『存在と時間』では、漠然とであれ存在を了解している人間が「現存在」と術語され、この現存在の分析を通して「存在一般の意味」が探求される予定であった。しかし、現存在の存在の意味が時間性とされたところで『存在と時間』は中断し、それをもとに「存在一般の意味」を扱う部分は未刊に終わってしまう。戦後の一九四九年のヒューマニズム書簡では、その『存在と時間』の或る個所に即して、「存在の意味」が「存在の真理」と言い換えられる（337）。しかし、これは単なる言葉の言い換えではなく、「存在の意味」への問いが「存在の真理」への問いに転換されることによって、「存在の問い」が飛躍的に深められることになるのである。

ハイデッガーの思索は、前後期を通じ、形而上学の批判ということで一貫しているが、後期のヒューマニズム書簡によれば、形而上学批判は次のような形で表明される。すなわち、形而上学は、「存在者をその存在において」（das Seiende in seinem Sein）表象し、したがって「存在者の存在」（das Sein des Seienden）を思索するが、「存在それ自身」ないし「存在の真理」を問うことはしない（322）。このように後期ハイデッガーにおいては「存在者の存在」と「存在それ自身」がはっきりと区別され、形而上学が問わなかった「存在それ自身」ないし「存在の真理」が問題とされるのである。

ハイデッガーは「真理」（Wahrheit）という言葉を、ギリシャ語の a-letheia の原義、すなわち「隠れなさ」（Unverborgenheit）ないし「露現」（Entbergen）という意味で用いる。存在それ自身が存在者（の存在）を露現するわけであるが、ハイデッガーにおいては歴史ということが重要になってくる。すなわち、「存在それ自身」の露現（という働き）によって、それぞれの歴史的なエポックにおいて、「存在者の存在」についての相異なる了解が現われてくるのである。ここで歴史的なエポックとは、古代、中世、近世、現代といった時代やその内部での時期を意味するが、(2) それぞれの歴史的エポックには、そのエポックに特徴的な「存在者の存在」についての了解が起こるということである。したがって歴史的なエポックは、「存在者の存在」が現われる一種の歴史的な「場処」(Ort)[3]のごときものである。その場処へ「存在それ自身」が「存在者の存在」として我々のもとに遣わされるのである。存在がみずからを遣わす(schicken)働きの集まりをハイデッガーは歴運(Geschick)と呼び、これが歴史(Geschichte)を形成していくのである。

上で述べられた「存在それ自身」と「存在者の存在」という二つの存在概念のあいだには、前者が後者を基礎づけるという関係があり[4]、一種のヒエラルキーがあることに注意しなければならない。また「露現」とは、存在それ自身の働きであるが、このような働きのほかに「存在それ自身」という実体的なものがあるわけではない。かくて露現という意味を持たされた「真理」は、後期ハイデッガーでは「存在」の同義語となる。また存在者(の存在)を露現することにおいて、存在それ自身は「みずからを隠す」ことにも注意しなければならない。存在それ自身は、存在者(の存在)として現われるとともに、それ自身としては隠れるのであり、このような絶対矛盾的な自己同一が存在の実相である。ところで形而上学が支配する時代に共通する特徴を、ハイデッガーは「存在忘却」[5]と呼ぶ。この存在忘却は、人間の不注意なり過失によって引き起こされたというより、本質的には「みずからを隠す」(sich verbergen)という存在それ自身の根本動向に由来するのである。

存在それ自身は、存在するもの(存在者)とまったく異なる。したがって『形而上学とは何か』では、ハイデッガーは存在それ自身を「無」(ein Nichts)と呼ぶことによって、存在が存在者とまったく異なることを表わそうとしたのであった。実際、形而上学にとっては、存在者とまったく異なるものなど無にすぎない。言葉とはもともと存在するものを言い表すためにあるので、存在そのものを表現しようとすると、適切な言葉が無くて困ることになる[6]。メンデは、このような存在について語るハイデッガーの四つの表現形式をあげている。同語反復的規定、否定的規定、逆説的規定、暗喩的規定の四つである。しかし次に述べる「光のメタファー」という暗喩的規定にこそ、ハイデッガー哲学の真骨頂があるであろう。もっとも、ハイデッガー自身はそれが暗喩であることを認めないであろうが[7]。

「存在の光（Licht）において、存在者が〔…〕存在者として輝き出る（erscheint）」と言われ、さらに「存在の明け開き（Lichtung）の内へ入ってくる」（330）というような表現もなされる。Lichtungとは、もともと木を伐って明るくされた森のなかの「空き地」を意味するが、その動詞形であるlichten（明け開く）とともに、ハイデッガーは「存在」に転用するのである。それぞれの歴史的なエポックは、森の空き地（Lichtung）にも似た場処として、〈歴史的な明け開き〉として捉えられ、この〈歴史的な場処〉において、歴運としての「存在それ自身」が、歴史的にそれぞれ相異なって了解される「存在者の存在」を輝き‐出させるのである。しかし他方で、存在の「明け開き」（Lichtung）は、存在の露現（という働き）であり、存在それ自身が「みずからを‐明け開くこと」（Sich-Lichten）を意味する。したがって存在それ自身の「明け開き」（という働き）が、存在者（の存在）が輝き出る場処としての「明け開き」を生み出すのである。このように「明け開き」も、存在概念の二重性に対応して二重の意味（働きと場処）を獲得するのである。

2　人間の絶対的被決定性

西田哲学における「場所の自己限定」は、ハイデッガーにおける「存在それ自身がみずからを明け開く」ないし「存在の露現」に相当するであろう。また「場所の自己限定」によって、個物は場所に「於てあるもの」として事実存在するのであったが、その事態がハイデッガーにおいて、存在それ自身の明け開きによって存在者が現われ出る、ということで表明されている。おおよそこのように両者を対応させることができるであろう。

西田哲学の「場所」は、「個物とそのこちら側に現われるものを『有』というなら『無』というほかない一般者」(g. 21)であり、「絶対無の場所」と言われる。これはハイデッガーの存在が「無」と呼ばれることと呼応する。また絶対者と個物との関係は西田では「絶対矛盾的自己同一」と規定されるが、このような規定は前節の逆説的規定に属するであろう。さらに滝沢は、バルトの影響を受けて、神と人のあいだの根源的関係(「神人の原関係」)を、不可分・不可同・不可逆の関係と分節するようになる。これも逆説的規定となる。しかし、逆説的規定の内に西田に希薄な不可逆の契機――神と人のあいだの絶対に逆にされない順序――を含めていることが、滝沢の大きな功績のひとつに数えられる。

人は存在する限り必然的に「神人の原関係」の支配を受けざるを得ず、したがってそれは「神の原決定」(8)とも呼ばれる。そして神と人の関係が、それぞれの働きという観点から、神の原決定即人の自己決定として捉えられる。ところで神の原決定において、人間は「絶対に受働的・被決定的」

であり、「一個の物にすぎない」。あるいは、「人間の主体性は完全に奪われ、断たれている」、「人間的主体性は絶対に否定されている」とも言われる。しかし、このような絶対的被決定性に基づいてはじめて人間の自己決定も可能となるので、滝沢においては人間存在の「絶対的被決定性」が強調されるのである。

さて人間を含むすべての物は神の原決定を受けるや否や――事実的に成り立つや否や、或る「形」、一つの特定の現実的形態を成さざるを得ない。この点でも人間は他の生物と変わりがない。それでは人間と他の生物との相違は何か。「相異はただ、人においては、人ではない神の決定が、その決定をみずから進んで受け容れるように、すなわちその決定に順応・照応した自己決定をそのつど行なうように、したがってまた、自己からではないその決定をできるだけはっきりと聴きわけるように――そういうふうになされている、という点だけである」（7, 12）。換言すれば、人間の本質は、原決定に対する絶対的被決定性を「承認する」ように「要求されている」（7, 41）ことにある。[9] しかしこの「要求」は、「それに対する人間の自己決定を、完全に人間に委ねる」（7, 41）のである。人間の自己決定が「徹底的自己決定」と呼ばれる所以である。徹底的自己決定と絶対的被決定はけっして矛盾するものではなく、後者の方がより根源的なのである

3　人間本質の受動的規定（脱-存、被投性、存在の牧者）

ところでハイデッガーは、ヒューマニズムという言葉で、形而上学における人間像を言いあてる。

ヒューマニズムにおける人間本質の規定は、「人間本質に対する存在の関連」（321）について問わないので、形而上学的〔＝存在忘却的〕となる。逆に形而上学は、真の中心であるはずの存在が忘れられているために、それを補償するべく人間を「存在者の中心」（236）に置くことになり、ヒューマニズム的となる。かくて形而上学は、存在忘却的であるとともに、人間中心主義なのである。

それに対してハイデッガーは、人間の本質を人間の「脱‐存」（Ek-sistenz）に見る。「脱‐存」とは、「存在の明け開きのうちに立つこと」（323f.）である。みずからを脱して存在の光に照らされるという「在り方」こそが、人間に特有なのである。したがって人間を他の動物から分かつ本質的差異は、理性などにあるのではなく、存在に対する人間のこのような受動的な関連にある。これは滝沢と相通ずるであろう。またヒューマニズム書簡の或る文章（331）をメンデは次のように解説する。「歴史的にそれぞれ相異なる人間本質が、すなわち、『〔人間に〕ふさわしいもの』（das Schickliche）が、歴運〔＝存在それ自身〕によって遣わされて人間に与えられるのは、人間が脱‐存〔という在り方〕によって脱自的に明け開きのうちへ立つことによってである」（252r）。人間にふさわしい本質は、存在に対する受動的な関連においてはじめて与えられるということである。

ところで『存在と時間』では、「了解」は存在論的に「企投」（Entwurf）とされ、「了解的企投」はあくまで人間の業であった。それに対してヒューマニズム書簡では次のように言われる。「存在は人間に対して〔人間の〕脱自的企投においてみずからを明け開く。〔しかし〕この企投が存在を創造するのではない。さらに企投は本質的には被投的な企投である。企投することにおいて投げるもの（das Werfende）は人間ではなく、存在それ自身である〔…〕」（337）。すでにこれに先行する箇所で、ハイデッガーは「存在了解」（das Seinsverständnis）を「〈存在の明け開き〉への脱自的な関連」（327）として思索すべきことを暗示していた。かくてメンデは、存在了解を念頭に次のように解説する。「もはや人間が企投において存在者の存在を発見するのではなくて、人間の了解的企投は〈場処〉でしかない。その場処で、存在それ自身の投げ（Wurf）に由来する〈存在者の存在〉が人間においてみずからを『明け開く』のであり、輝き‐出るのである。後期作品においては存在それ自身が、現存在の被投性ならびに現存在の了解的企投を投げる主体として、言わば人間の背後に登場してくるのである。『存在と時間』にはそのような投げる者（ein Werfer）はなかった」（253r）。人間の存在了解は、存在の投げにおいてはじめて可能となるということである。かつて滝沢が「存在の了解」について批判したことが、見事に解決されているであろう。しかし、この投げる者は人格神などではなく、存在即露現という働きそのものであることに注意しなければならない。

　またハイデッガーによれば、人間は本質において「存在の牧者」である。すなわち、「人間は、一方で、存在それ自身によって護られており（361）、他方で、『存在に対する番人の役目』（343）を引き受け、それ故に――形而上学とは違って――存在それ自身に注意するように存在それ自身によって呼びかけられている。」（252r）

　このように人間の本質もますます「受動的な規定（被投性、脱‐存、存在の牧者）」（253r）によって特徴づけられるようになる。かくて人間は自律的ではなく、人間の能動性は「存在それ自身の匿名の力」（253r）から発現し、人間はその力に呼応するように呼びかけられるのである。「思索は、存在の真理を言う（sagen）[10]ために、存在によって要求される」（313）。「人間は、存在に語りかけられることによってのみ、みずからの本質のうちに在り続ける」(323)。また「存在それ自身によって存在の真理の守りの内へ呼ばれている」とも言われる。[11]

滝沢における「要求される」という表現はすでに見た通りである。また人間は神の原決定にふさわしく自己決定するように、原関係なるインマヌエルの神から「呼びかけられ促されている」(a, 25) とも表現される。ところで渡邊二郎は、ハイデッガーの ereignen を「呼び求めて促す」と訳している。[12] したがって、辻村訳では、「思索が有から性起せしめられて (vom Sein ereignet)、有に属する」(316) となるところを、渡邊は、「思索は存在によって呼び求められ促されて、存在へと聴従し帰属する」と訳すことになる。訳の成否はともかくとして、渡邊の訳語が「呼びかけられ促されている」という滝沢の表現とほぼ一致するのは、興味深いものがある。このように滝沢においてもハイデッガーにおいても、原関係ないし存在から人間が「呼びかけられる」というような受動的な比喩的表現が頻出するのである。

「人間は存在者の主人ではない。人間は存在の牧者である。〔…〕人間は牧者の本質的な貧しさを得るのであって、牧者の尊厳は、存在それ自身によって存在の真理の守りの内へ呼ばれていることに存する」(342)。存在の牧者というような人間の受動的在り方は、一見貧しく見える。しかしこのような貧しさ――存在に対する受動性――にこそ人間の尊厳があるということであり、ここでは「貧しさ」は積極的な意味で言われているのである。滝沢も、「人間の根本的に限界づけられた一個の物にすぎないという、この意味の貧しさ」と言う。絶対的被決定という意味での「貧しさ」ということである。絶対的被決定においてはじめて真に豊かな自己決定も可能となるので、この「貧しさ」は、「人間の人間としての豊かさと離せないばかりでなく、またその不可欠の条件をなすもの、ただ歓喜と感謝をもってこれを受け容れるべきもの」(b. 182) と言われるのである。

それにもかかわらず、人間はこの貧しさを忘れて豊かさのみを追い求めようとする。「人は、自己内外に見ることのできるさまざまな善きもの・美しきものに眼を奪われて、それらすべてがただそこから恵まれてきた自己そのものの成立の根底、永遠の生命なるインマヌエルの神を忘れる」(a. 25)。「人間のいのちの根元に原決定があり大限界があるということはすっかり忘れて、忘れているということすら全く思い出さないように忘れています」(g. 137)。これはまさにハイデッガーの存在忘却に対応するであろう。

4　結語

ハイデッガーにおいて、存在に対する人間の受動性がおさえられていることはおおいに評価されてよい。しかしながらハイデッガーにおいては、人間の能動性――「自律性」「自由」「責任」(256r) ――が、この受動性とどのように結びつくかが明らかではない。かくて研究者のあいだでもいろいろ議論されることになるのである。例えば、クライムルは次のように言っている。「後期ハイデッガーは、道徳的行動の根本的条件である自由を、少なくとも最小限まで制限したのであった。議論の余地があるのは、彼が自由を完全に破壊しようとしたのではなかったか、ということだけである」(256r)。

それに対して滝沢は、神の原関係からの呼びかけという表現も使うが、単にそれだけではない。神の原決定に対する人の自己決定の仕方について、「その正邪順逆・真偽虚実を問われかつ審かれる」(a. 24)と言われる。かくて自己決定に重い責任が課せられることになる。また「自由」については次のように言われる。「人間の人間としての自由は、受けるも受けないもないように人間成立の根柢に太初から来ている絶対的被決定に基づき、その決定（の主）の恵みに応えて刻々に充実した生を形づくるべく与えられた自由である」(a. 48)。責任を離れて「自由」はないということである。このように滝沢の場合は、人間の能動性ないし自由ということも、絶対的被決定性から正しく捉えられるのである。すでに言及したように、絶対的被決定性と徹底的自己決定性はけっして矛盾するものではない。「自己のうちにその事実的存在の根拠をもたない、という点で、路傍の石と異ならぬ一個の物にすぎないにもかかわらず、この事を一厘一毛もゆるめぬままで、まったくそれみずから選択・創造するべく定められているということが、すなわち人の人たる所以なのである」(7. 30)。

思うに滝沢や西田の場合は、人間ないし個物の事実存在の論理構造を、暗喩的表現を用いながらも、主として逆説的表現を用いて明らかにしようとしたのであった。[13] それに対してハイデッガーの場合は、暗喩的表現を駆使するために、この弁証法的な論理構造があまり明らかにはならず、そのために人間における自律と他律、能動と受動の関係も曖昧とならざるを得なかったのではなかろうか。存在の明け開きのなかに「悪」(das Böse)が出てくるというハイデッガーの主張(359)も、事実存在の論理構造が十分に明らかでないことに起因するのではなかろうか。[14] 逆にハイデッガー哲学の方が本領を発揮する領域――例えば言語論(15)――も勿論あるであろう。

ヒューマニズム書簡では倫理と存在の関係も話題になる。後期ハイデッガーの存在哲学は具体的な倫理的規則を含まないが、倫理的規則の「可能性の制約」(256f.)を含むのである。存在こそが倫理的規則の根源なのである。そのような意味で存在哲学は「根源的な倫理学」(356)と呼ばれる。滝沢も次のように言う。「人間的諸価値がただその映しとして生じる真実の価値基準――絶対無償の恵み即絶対無謬の審きなる『神・人』の根源的関係点」(k. 187)。神人の原関係そのものは、人間的諸価値がそれから由来するにもかかわらず、それ自身は価値を越えた超価値とでも言うべきものであった。

ここから翻って考えると、『存在と時間』における「存在一般の意味」に対して滝沢が批判的であったことも理解できよう。「意味」というようなことは、この世界の内部に現われてくる物に対してはふさわしいが、世界を越えた「存在」に対して使うべきではない、という思いが滝沢にあったのではなかろうか。(16)「人間的存在を含めて存在とは一般に何を意味するのか」という「問いそのもの」が、滝沢の言う神と人のあいだの絶対的な区別、すなわち、「絶対的境界を蔽いかくして、われわれを果てしない曠野にさまよい出させる危険な誘惑をひそめている」(8, 56)(17)ことを滝沢は見て取ったのである。

文献

Martin Heidegger: *Gesamtausgabe. Bd. 9. Wegmarken.* Vittorio Klostermann: Frankfurt a.M., 1976, S.313-

364.〔頁数は数字のみで示した。なお、辻村公一訳（創文社）と渡邊二郎訳（筑摩書房）を参照した。〕

Dirk Mende: »Brief über den ›Humanismus‹« Zu den Metapfern der späten Seinsphilosophie. In: Dieter Thomä（Hg.）: Heidegger Handbuch. Metzler: Stuttgart, 2005, S. 247r-258*l*.〔頁数はr（右欄）、l（左欄）を付加した数字で示した。〕

滝沢克己著作集第一巻、第七巻、第八巻、『あなたはどこにいるのか』（a）、『現代における人間の問題』（g）、『日本人の精神構造　西田哲学の示唆するもの』（n）、『バルトとマルクス』（b）、『キリスト教と日本の現情況』（k）。〔頁数は巻数もしくは括弧内の略語を付した数字で示した。〕

注

（1）「ハイデッガーに於けるダーザイン Dasein と哲学の使命及び限界」（1, 321-333）。

（2）辻村訳語解説一頁参照。

（3）西田哲学の「場所」と区別するために、「場処」と記した。

（4）Fundierungsverhältnis（250*l*）

（5）近代人の「故郷喪失」も存在忘却に基づくのである（339）。滝沢も神人の原関係を「自己本来の生まれ故郷」（7, 35）と言う。

（6）Sprachnot（250r）

（7）ヒューマニズム書簡では、例えば「存在の家」は暗喩ではなく、存在の本質に基づいてはじめて

「家」とか「住む」が何であるかを思索できる、とされている（358）。

（8）滝沢における「神の原決定」ないし「神自身の自己決定」（n. 42）は、ハイデッガーにおける「存在それ自身がみずからを明け開く」ことに相当するであろう。また滝沢の言うところの「神自身の、この世界のただなかにおける自己表現」（n. 42）が、ハイデッガーにおける〈存在それ自身が歴史的エポックにおいて存在者の存在を現われ出させる〉に対応するであろうか。

（9）「〔絶対的被決定性を〕自覚するということが人間には要求されている。そういうことが、人間が人間である特徴なんですね。」（『滝沢克己講演集』一九四頁）

（10）「思索」は、本質において「存在の思索」（363）であり、「存在を思索する」（358）のであるが、同時に存在を「言語へともたらす」（361）のである。

（11）「語りかける」（ansprechen）は、「要求する」（in den Anspruch nehmen）と関連して使われている。

（12）その根拠は次を参照せよ。M. Heidegger: *Identität und Differenz*. Pfullingen 1986, S.24f.

（13）「我々の論理が元来対象の論理なるが故に、創造するものそのものを語ろうとするとき、我々の言語は必然的に逆説的となり、我々の論理は弁証法的論理とならざるを得ない。しかしそれは単なる誤魔化しではなくして、上述の如き明確な直覚に基づいたものでなければならない。」（I, 167）

（14）「人間として成り立ってくる」ということと「罪」ということは違うことであり、「悪とか罪とか悪魔とかいう問題について、その虚無性をはっきり教えてくれた」のはバルト神学だけだ、と滝沢は述懐している。神の原決定には「悪」などなく、人の自己決定においてはじめて出てくるのである。（g. 187-8, 194-5）また「人生そのものにかんする疑い、根本的に無意味という感じ」については、7, 31を参照せよ。

(15) それぞれの歴史的なエポックにおける「言語」は、存在者の存在についての人間の経験が現われ出る〈場処〉、すなわち〈歴史的な明け開き〉であり、したがって「存在の家」と称される。言語の「内」に存在者の存在が「住む」のである。(252*l*)

(16) 滝沢のフランクル論 7, 440-1 参照。

(17) 滝沢『新訂増補　現代哲学の課題』一七八―九頁も参照せよ。

12　滝沢哲学から「意味なき生」を考える
――「ただの人」の今日的意義にかんする研究ノート――

吉岡剛彦

1　本稿の問題関心――あらゆる人の生は無意味であると見定めること

重度障害者施設襲撃事件

二〇一六年七月、神奈川県相模原市の障害者施設で殺傷事件が起きた。重度知的障害者など入所者の実に十九人が刺殺され、職員ふくむ二七人が重軽傷を負った。被疑者は同施設で勤務経験のあった男性元職員（事件時、二六歳）で、衆院議長宛てに〈保護者の疲れきった表情、施設で働いている職員の生気の欠けた瞳を見ると、障害者は不幸を作ることしかできず、ゆえに「安楽死」させるべきだ〉という主旨をつづった手紙を送っていた。

杉田俊介は、障害者ヘルパーとして働きながら、社会的格差や（フリーターなどの）非正規雇用者の生活・労働環境、障害者問題などについて、社会学的見地から執筆活動を行なっている。杉田は、本件を「優生思想」批判の観点から論じた一文において、以下の結論を導いている。

——障害者だろうが健常者だろうが、人間の生には平等に意味が無いのであって、意味と無意味の線引きを拒絶し続けることで、僕らは内なる優生思想／ヘイト的なもの／ジェノサイドの芽を断ち切っていくべきである、なぜなら、優生的・ヘイト的な差別は、社会的弱者や他者を抹殺していくのみならず、僕ら自身をも緩慢に滅ぼしていくから。［杉田 2017：176］

優生的選別への抵抗線

いましばらく杉田の議論を追いかける。この事件で被疑者青年が示していた〈重複障害者は不幸であり、周囲の介助者や社会（あるいは財政）に負担をかけるばかりだから、そうした〝無益な〟存在を抹殺することが、自分のなしうる〝革命〟なのだ〉という独善的な妄想に対して、しかし、事件直後のネット空間等では、ひたひたと暗然たる〝共感〟が拡がった。杉田は、こうした優生的発想を批判的に考察する［杉田 2017：146-147］。誰の役にも立たない人生や、他人に迷惑をかけ続ける人生は現にある。「けれども、役に立たなくても、別に構わない」。「なぜなら、生きることは、比較や線引きの対象ではなく、そのままでよいことだから」だ。けれども杉田は「だが、それだけでも足りない。生きることは無条件によいことだ、と確認するだけでは足りない」と述べ、もう一歩、議論を進める。巷間よく語られる「どんなに重度の障害者の生にも意味がある」という通俗的な言い方では「意味／無意味、善い生／悪い生という差別的な二分法が温存されてしまう」からである。かくして杉田は、「優秀な人間や健常者は生きる意味があるが、障害者は無意味だ」という優生的な価値観の間違いを論難するだけでは足りず、むしろ「障害者だろうが健全者だろうが、優れた人間だろうが何だろうが、人間の生には平等に意味がない（生存という事実は、端的に非意味でしかない）」と言うべきだ、とする。その上で、次のように論定する（キッコー〔 〕内は、筆者による補足、以下同じ）。

生存という事実には、そもそも意味も無意味もない、ということ。この単純な、圧倒的な、非人間的な事実。そのことを受け入れ、腑に落とせないのであれば、僕たちやあなたたち〔被疑者の考えにひそかに賛同する人たち〕は、たぶん、ずっと生の無意味さや無意義であることを怖れ、不安になり、他者を羨んだり蔑んだりしながら、「自分の人生には何の意味もなかった」という優生的な思想によって内側から食い殺されていく。〔杉田 2017：147〔125〕〕

優生思想は、生きづらさをかかえる当事者自身の内側にも巣喰ってしまうことがある。その「内なる優生思想」は一面で、他者を裁く論理、たとえば生産能力を欠いた重度の知的障害者や認知症患者などを「役立たず、タダ飯食らい、社会のお荷物」などと批判し排除する論理になる。だが他面で、ブーメランのように自分へ切っ先が向き返り、おのれ自身をむしばむ論理にもなる。いまは仮に五体満足で働けている者も、加齢や病気、あるいは不慮の事故のために、食事や着替えや排泄さえ全面的に介助を要する寝たきりの状態になるやもしれない。のみならず、失職等で仕事に就けない事態もありうる。そのとき「役に立たない人間は生きている意味が無い」という想念が、翻って今度は、働くことも自立もままならない自分自身を縛りつけ責めさいなむ恐れが高い。ゆえに杉田は、敢えて「人間の生には平等に（自分の生をも含めて！）意味が無い」と思い定めるべきだというのだろう。

本稿は、杉田の議論を機縁としつつ、この〝生の無意味さ〟という人間理解について、滝沢克己の思想に即して討究を試みるものである。「人間の生には等しく意味が無い」とする人間観・生命観について、これを滝沢哲学の観点から眺めなおすならば、はたしてどのように評しうるであろうか。

2　共通の〈低み〉――個人を〝持ちもの〟で値づけする近代資本主義に抗して

インマヌエル――客体的主体としての人間

生の（無）意味をめぐる問いのために切実な懊悩を抱えていた自身の体験を、かつて滝沢克己は述懐している。一九六九年の大学紛争・学生闘争の最中、かの東大全共闘のリーダー・山本義隆に宛てた書簡形式の論稿「先になるべき後なる者へ」においてである。

> ……「私」というこの生命《いのち》の本当に確かな基礎、決して失われることのない目的ないし意味というようなものは、果たして実際に在るのか無いのか――この一つの問いは、まだ幼かった或る日不意に私を把えて、それ以来久しいあいだ激痛、鈍痛、ありとある形で私を苦しめてきた問いですけれども、……今ではそれが、決してただ私だけのことではなくて、例外なくすべての人に、絶対にのっぴきならないようにかかわっている問いであること、……のみならず刻一刻、みずからこの問いに対する一つの特定の答えと成っている、ということが、次第にはっきりと分かってきたからです。〔滝沢 1969：418〕

痛みをともなう煩悶の末に滝沢の逢着した答えが「インマヌエル（神われらとともに在《いま》す）」の思想であることについては、もはや多言を要すまい。滝沢哲学における「インマヌエル」とは、人間が人間として存在すること自体に直属する根源的規定である。すなわち、永遠無限の生命である絶対的主体（神）と有限な客体（人間）とのあいだの垂直的な（不可分・不可同・不可逆の）原関係において、この絶対者から発せられる根源的な〈呼びかけ〉である。人間とは、まずもって絶対者の根源的な〈呼びかけ〉の対象（客体）であり、この〈呼びかけ〉に対する〈応答〉として初めて自由な主体たりうる存在、つまり、客体的主体とされる。この点、近代個人主義は、あたかも「自由」の源泉をみずからの内部に備えているかのような自主自立の人間像を前提に据えているが、これは倨傲な思いちがいである。むしろ人間の実相は、絶対的主体とのあいだの「無限に親しく無限に厳しい関係」〔滝沢 1975：60〕の只中で、その絶対的主体から発せられる「大いなる決定」〔滝沢

1969：346］によって、そのつど刻々と定め置かれ在らしめられる客体に過ぎない。

> 近代人あるいは現代人が考えているような意味で、私が私だけで、一人の人間がその人だけでそこにいるというようなことは実際には全然ないんです。人間が事実存在するのは、かならず有限ではない・本当にそれ自身で実在し、それ自身で生き、それ自身で光り輝く・生命の主体に基礎づけられ限界づけられてのことである。……私のすべてのはたらき、一々の言動は、ただそこに臨在する根源的な関係に照応することによってのみ積極的に生産的・創造的であることができる。［滝沢 1975：59-60］

人間共通の低み――反面、各自の〝持ちもの〟を競って他よりも高く昇らんとする人間の傾向性

われわれは、その原初において「全人類・全被造物共通の低み」に置き据えられている点で本来的には「ただの人」である。にもかかわらず、特に近代以降の資本主義経済社会では「それぞれがさまざまな虚飾を身につけてその低みから浮き上がり虚勢を張って生きている」［柴田 1996：66］。こうした人間社会の消息については滝沢哲学の随所で批判されている。

たとえば『大学革命の原点を求めて』［滝沢 1969］である。われわれは、往々にして「それがあたかも絶対的なこと」であるかのように「だれかれは偉いとか偉くないとか、正しいとか誤っているとか」を語り合っては「いきり立」つものだが、しかし「私たち人間はみな、同じ低みに置かれて」いる、とされる［20］。「人は神ではないという、すべての人に共通な厳しい限界」［46］に即し

て考えるかぎり、換言すれば「人間的主体性そのものの決定的限界」〔138〕もしくは「もともと他のすべての人とともにそこに置かれていた無一物の低処」〔321〕から出立するかぎり、各人が「所有し所属する何ものによっても、自分あるいは自分たちだけの特別な資格を誇ることができない」のである〔46〕。

この認識を踏まえて「人のいのちは、その所有《もちもの》の豊かなことにはよらない」と論断される。すなわち「外的な財産」や「内的な知識や才能」などの多寡によって、人間の生命の価値が評定されるわけでは無い〔32〕。また「各自の脚下に隠れたるこの原点・実存の人共通の基盤そのものにおいては、人のいとなみ、闘いの正邪善悪・高低精粗というようなこと」は「問題ともなりえない」〔346〕。ところが人間は、むしろ逆に、自己の太初の限界を無視し、「ひとり高きに昇ろう」とする「倒錯」を犯すことが常である。こうした「私心」がために「現実の人の歴史と社会は、いつも何らかの形で、いな時とともにいよいよ巨大な凄まじい形において、競争・疎外・抑圧・抗争を繰り返して果つるところを知らない」〔347〕。これは「生まれながら空虚へ向かう人間の意志、この世界のあらゆる善きもの美しきものを餌《えさ》として、ありとある奇怪な形をとる根本的な虚栄心から起こる人間的・歴史的な現象」である〔滝沢 1974a：213-214〕。だが、人びとが持てはやす価値は「どれ一つをとっても、全体をあわせても、それは人間の生の本当の根拠で、目標だということはない」〔滝沢 1986：117〕。改めて確認すれば、真相は次のごとくだとされる。

……実存の人はいかに高くかつ強くとも、事実、主体ではない一個の石と同じ低みに置かれた一つの微塵にすぎぬということ、逆にまたしかし、いかに絶望的に弱くかつ卑しくとも、即座にまったく新しく生きることを許し、促す全能の恵みの下にある……。〔滝沢 1969：348〕

3　われわれの生に意味はあるか――能力主義を超えて

「いるからいる」というほかない人間存在

滝沢の他著も瞥見しておこう。たとえば、『歎異抄』に関する講話〔滝沢 1974b〕では、親鸞が「弥陀の本願《ほんぐわん》」は「親鸞一人がためなりけり」と語った一節をめぐって、「世間ふつうの考え、ことに入試をはじめ、ありとあらゆる選別に慣らされている現代人の常識からいうと、夢にも考えられないこと」ではあるけれども、絶対的主体としての「弥陀の選択《せんぢゃく》・決定」は、各人それぞれの「いかなる『能力』にも、『業績』にも、身分にも、境遇にも依らない」ものであり、当人だけが有するような「なにか特殊な資質や持ちものによるものでは絶対にない」〔14-15〕と述べられる。ここから「私たちはもはやこれまでのように、自己自身の生の意義、窮極始原の根拠・目的・動力を、自己の年齢や性、才能や業績、力の強弱、仲間の多少、一般に他との優劣を比較しうる自己内外の持ちもののうえに、いいかえると、自分でかち取ったり他から奪われたり、生じたり滅びたりすることのできる何かの宝や力のうえに、置こうとは致しません」〔28-29〕と宣される。われわれは、能力や業績や身分といった人間的・現世的な諸価値の獲得や達成という「目標」に向けて存在している（在らしめられている）のでは断じて無いということである。

……私たち人間は、自分の方から何かの理由や目的を立てることによって初めて存在するように成ったわけではない。そういう意味ではまったく何の理由も目的もあることなしに、ただ単純に事実存在するように決定されてくる、その決定のほかに私が事実存在するということはどこにもない。〔滝沢 1974b：31-32〕

滝沢晩年のマタイ福音書講義〔滝沢 1986〕でも、次のように語られている。

一人一人、私たちがここにいるという人間の存在という事実、これはいくら今までの関係や功績やその他のものを積み重ねてきても、人は人としてここにいるというその事実は、けっして出てこないのです。これはいるからいるというほかないものが、人の存在というのには必ずあるのです。〔45〕

したがって、われわれは、単に人でしかなく、それ以上の何ものでもありえないが、この端的なる「人にすぎない」ことが「ありがたいこと」〔105〕を、ついつい忘却しがちだ。その結果、各人が手に入れた「いろいろな持ちもの・能力」を誇り、それによって「ほかの人を差別する」〔97〕という抜きがたい習性がある。だが、そのときわれわれは「悪魔《サタン》」の「誘惑にひっかかって」「虚無の中に踏みだして」［117-118］いる。これらを戒めつつ、「単純無条件」［45］に「人間がここにいるということ」それ自体が「大奇跡」［153］であると講ぜられている。

あらゆる人の生は無意味である

いまひとまず、〈労働によって有形無形の価値物を生産し、それを通じて自他を含めた社会に経済的利益をもたらしうる資質・体力・技能・才知〉を「能力」と呼ぼう。近代資本主義社会にあっては一般に、そうした「能力」をより多く保有する者が、社会的に〝優れている〟とされ、より高い地位と財産に恵まれる。脳性マヒ者で「青い芝の会」を率いた横塚晃一が「よく働ける者が、より強い者が、より速い者が、より美しい者が正しく偉いとするこの世の価値観」［横塚 2010：138］と批判的に叙述する「能力主義《メリトクラシー》」は、まさに能力を持たない者を〝劣っている〟として排斥・根絶しようとする「優生思想」と表裏一体のものだ。この「能力」とは、いわゆる〝世のため人のために役立つ〟力のことである。みずからの能力を発揮して他人や社会に寄与しうる生き方こそが〝意味のある生〟であると見なす観念は、われわれの意識に深く根づいている。

だが、こうした能力自体やそれにもとづく利得――広義の〝所有《もちもの》〟――の高低を競いあい、それらを以って人間の価値づけ（序列化）を行なう能力主義的な発想を、滝沢は、既述のように「倒錯」「虚無」と呼んで峻拒している。滝沢哲学の摘示する〈人間（被造物）共通の低み〉というゼロ点［滝沢 1969：138］、すなわち、われわれの能力に因《よ》ってでは全然無しに、むしろそれに決定的に先だって、われわれが瞬間ごとに在らしめられ生かされてあるという受動性の原事実――つまり「人間的主体性の完全な消滅点即発起点」〔滝沢 1974b：38〕――にまで降り下ってみる。そのとき、人びとの能力の多寡をうんぬんする現世的尺度はまったくの「無」に帰するゆえである。各自の能力や社会的貢献度といった評価規準が無効化する〈低み〉の側から見つめなおすならば、あらゆる人間の生は端的に無意味《ナンセンス》だと考えるべきだろう。

4　結びにかえて――「ただの人」という立脚点から見える人間社会

世の一切の特権を手放し、ただの人として生きる

芥川龍之介のアフォリズム『侏儒の言葉』に対する評論〔滝沢 1973〕では、芥川の「アキレスの踵」の一節をめぐって、アキレスほどの「英雄」も「もともと非主体的な一個の物であって、それ自体で存在する真実の主体ではありえない」と評された上で、これは「事実存在する人間」にとって不可避の「弱さ」「低さ」だけれども、実にこの「弱さ」「低さ」こそが「一切の虚栄から人を自由ならしむる力」とされる。逆に「すべての人に共通な低さ、弱さを忘却して、人間の高さや強さに固執」すれば、それは「不安と絶望の種」に転ずる〔381〕。こうして、われわれが、この「すべての人に共通な低さ、弱さ」をかたく心に留めるとき、人間固有の課題とは次の一事、すなわち「問題はいま、何よりも先ず第一に、自分自身が世の一切の特権、みずからのあらゆる特殊な資格から決定的に手を放すこと、事実存在する一個の人として真に自由に生きかつ考えること、まったくのただの人として、歓んで生きかつ死ぬことそのこと」〔滝沢 1969：313〕にほかならない。

前述のように自己の「能力」や貢献度、それに応じた所有や所属といった〝持ちもの〟の「高さや強さ」を以って〝生きる意味／意味ある生〟と考える能力主義（優生思想）的な価値観を脱却・克服し、「それ自体で存在する真実の主体」によってその都度に措定されて存在するという積極的な「弱さ」「低さ」の地点まで、ひいては「ただの人」の視線まで、なんとか深く沈潜しえたとき、われわれの住まう人間社会のうちに、いかなる新たな風景を見わたすことができるだろうか。最後に、紙幅の限りで粗描を試みたい。

市井の片隅に生まれ

同じ評論では、芥川による「人生は一箱のマッチに似てゐる。重大に扱ふのは莫迦々々しい。重大に扱はなければ危険である」という有名な箴言に寄せて、滝沢は「実際、私たちの人生は、よしそれが聖人・英雄・天才のそれであっても、私たちのふつうにそう思っているように重大なものではない」と断ずる一方、その対句として「たとい最も卑しく愚かな人のそれであっても、けっしておろそかに扱うことを許されない神聖な賜物なのだ」と論じている〔滝沢 1973：369〕。

この滝沢の批評から筆者が想起するのは、たとえば思想家・吉本隆明の次の言葉だ。「市井の片隅に生まれ、そだち、子を生み、生活し、老いて死ぬといった生涯をくりかえした無数の人物は、千年に一度しかこの世にあらわれない人物〔カール・マルクスのこと〕の価値とまったくおなじである」。「市井の片隅に生き死にした人物のほうが、判断の蓄積や、生涯にであったことの累積について、けっして単純でもなければ劣っているわけでもない」〔吉本 1969：154-155〕。吉本は他所でも同趣旨を語っている。世界のどこかの戦争や革命、反自然的な形而上的なことには関心を払わず、ひたすら「反復繰返される生活過程」の成り行きに専念しながら「結婚して子供を生み、そして、子供に背かれ、老いてくたばって死ぬ、そういう生活者をもしも想定できるならば、そういう生活の仕方をして生涯を終える者が、いちばん価値がある存在なんだ」。吉本は「人間存在の価値観の規準はそこにおくことができる」と断ずる［吉本 1972：201］。ある評論家は、この議論を「ただ吉本がそのように考え、そのように思い決めた」というだけであって「なんの根拠も保証もない」「なんとでも反論は可能」と評しつつ、人間やその生に関して「大切なことは、ついにこの視線の決め方」だと述べる［勢古 2011：15］。滝沢と吉本の「視線の決め方」の異同を比較しうる準備は目下の筆者には無い（なお、滝沢の吉本評は好悪相半ばしている［滝沢 1986：133-139］）。だが、各自の「能力」やそれによる所有・所属といった〝持ちもの〟によって自分を「強く高く」誇示しようとする虚勢に傾かず、みずからが在らしめられているその場で、まさに「いるからいるというほかない」その日一日ずつの自己の〈生〉を粛々と亨《う》けとり全うしようとする志向性において、滝沢の「ただの人」と吉本の「生活者」には互いに響き合うものがある。

〝汚れ〟と〈低み〉

能力主義を根底から批判する脳性マヒ者の横塚は、通念的な〝人の役に立つ〟を転倒させるべく「特殊の才能に恵まれない者」「寝たきりで身動きも適わない者」にとっては「ウンコをとって貰う（とらせてやる）のも一つの社会参加といえるのではないだろうか」と果敢に提起する［横塚

2010：89]。俗諺とも禅語ともいわれる「人間、しょせんは糞袋《くそぶくろ》」という警句があるが、上記の「ただの人／生活者」との関わりにおいて、この「ウンコ」はさまざまな連想を惹起する。

政治哲学者のウォルツァーが『正義の領分』において「汚れる仕事」を論じている。彼によれば、「卑しさ」は文化的現象であり、「本来、卑しい仕事というものはない」。だが、現実には「汚れ、ごみ、屑にかかわる活動はほとんどすべての人間社会で軽蔑と回避の対象」となっており、万人の平等を標榜する社会にあって「だれが汚れた仕事をするのかという問いは特別な力」を有する。このとき「なくてはならない答え」は「私たちみんながそれをしなければならない」という答えだ。「ガンディーが道場《アシュラム》の便所掃除を彼の仲間たちに—そして彼自身にも—要求した」所以である。「人々は自らの汚れを掃除すべきである。さもなければ、自分自身のためだけでなく、他のすべての人のためにもそれをする人々は、決して政治的共同体の平等の成員にはならないであろう」[ウォルツァー 1999：268-269]。この「自らの汚れを掃除」することは（いま筆者自身の不足を反省しつつ述べれば）、われわれが「共通の低み」に降りゆくための有力な階梯だと感じられる。

さらに「汚れ」から連想を続ければ、ある書で紹介されている「梅ちゃん」のエピソードを思い出す。日雇いのドヤ街・山谷で、建設の肉体労働で日銭を稼ぐ「梅ちゃん」は「顔は黒くシワクチャ」「歯は抜け片目はつぶれ髪も薄く」、実年齢は三十代前半なのに「六十過ぎにしか見えない」。彼は、炊き出し等で街へやってきた者たちに、誰彼かまわず「いきなり唾を飛ばし、泥を投げつける。衣服を汚す。そしてやにわに『金くれよ、千円くれ！』とニヤニヤ笑いながら言葉を投げつける」。「彼はそれを心から楽しんでいた」。本書の著者は、人々にとって「心の皮膜」ともいうべき衣服に「泥をなすりつけ」、さらに「何の労働の対価でもない金を要求する」という「梅ちゃん」の行動を次のように解釈する［平井 2005：96-97］。

服を汚すことは、心の衣を脱いでくれ、オレと同じ汚れた人間になってくれ、という親密な挨拶である。「金をくれ」というのは、会った瞬間から、あるいは会う前からオマエはオレに借りがあるぞ、というメッセージである。言いかえれば、「オレは自分の存在をとっくにオマエに与えている、だから借りがあるぞ」という無上の贈与の言葉なのである。

われわれが現に暮らしているのは、各自の「能力」とそれにもとづく〝持ちもの〟の多寡によって貴賤優劣の値づけを行なう能力主義《メリトクラシー》の社会である。この序列において上位にある「強く高い」とされる者たちは、なんらの然るべき理由も無く、たまたま運良く恵まれた「能力」を行使して得られた〝持ちもの〟を享受（それ自体も単なる好運に因るのだから一種の不当利得！）している。また、圧倒的に多くの場合に、本来は「みんながそれをしなければならない」はずの「便所掃除」や「肉体労働」のような、いわゆる「３Ｋ（きつい・汚い・危険な）」とも称される「卑しい仕事」を、序列下位の「弱く低い」とされる者たちに押しつけて（いわば踏みつけて）もいる。さらに、寝たきりの状態などにある者たちの病苦や、かれらが健常者中心の能力主義社会からまるで無用無益な存在であるかのように蔑まれる屈辱などからも、やはりたまさか偶然的に免れている。この点で「強く高い」者たちには、「弱く低い」者たちに対して、確かに「借り」がある。

滝沢のいう「無一物の低処」のほうから、この「借り」を照射するとき、世の中の「役に立つ」のとは真反対の、他人様に「迷惑をかける」ことが新たな意義を帯びてくる。かつてプロボクサーからコメディアンに転じ、酒に酔って夜の海で溺れて果てた「たこ八郎」の座右の銘は「めいわくかけて、ありがとう」だった。「迷惑かけて済みません」では無しに、である。この言葉を評して、哲学者・鷲田清一は次のように述べる。「厄介者として遠ざけられるのではなく、『めいわく』がまわりのひととのあいだに成り立ったことそのことに、たこは『ありがとう』と言いたかったのだろう」［鷲田 2001：181］。たこ八郎の「めいわくかけて、ありがとう」には、〝社会に役立つことこそを良しとし、逆に周囲へ迷惑をかけるような人生には意味が無い〟とする現下の能力主義的な価値観をひっくり返すような泣き笑いのおかしみがあるが、それはきっと「ただの人」の〈低み〉から発せられた〝無意味《ナンセンス》な〟言葉だからである。

文献表

滝沢克己（1969）『大学革命の原点を求めて』新教出版社

――（1973）「『侏儒の言葉』」『瀧澤克己著作集4――夏目漱石Ⅱ・芥川龍之介』法蔵館

――（1974a）「不安と恐慌――覚え書」『瀧澤克己著作集9――哲学・経済学論集』法蔵館

――（1974b）『「歎異抄」と現代』三一書房

――（1975）「近代主義の超克――西田哲学とバルト神学」『わが思索と闘争』三一書房

――（1986）『聖書入門――マタイ福音書講義：第1巻・イエスの生涯』三一書房

ウォルツァー、マイケル（1999）『正義の領分――多元性と平等の擁護』山口晃訳、而立書房
柴田秀（1996）『ただの人・イエスの思想』三一書房
勢古浩爾（2011）『ぼくが真実を口にすると――吉本隆明88語』筑摩書房
杉田俊介（2017）「優生は誰を殺すのか」「内なる優生思想／ヘイト／ジェノサイド」立岩真也・杉田俊介『相模原障害者殺傷事件――優生思想とヘイトクライム』青土社
平井玄（2005）『ミッキーマウスのプロレタリア宣言』太田出版
横塚晃一（2010）『母よ！ 殺すな』〔第2版〕生活書院
吉本隆明（1969）「カール・マルクス」『吉本隆明全著作集（12）思想家論』勁草書房
――――（1972）「自己とはなにか――キルケゴールに関連して」『敗北の構造――吉本隆明講演集』弓立社
鷲田清一（2001）『〈弱さ〉のちから――ホスピタブルな光景』講談社

13 〝原点〟のコンティンジェンシー

丹波博紀

はじめに

筆者は二〇〇四年に、本稿で滝沢克己とともに中心的に扱う最首悟に連れられ水俣を訪ね、以来通いつづけている。二〇一一年の東日本大震災と原発公害を目の当たりにし、人の勧めがあり、「万人の事としての哲学」（一九六七年）「現代の事としての宗教」（一九六八年）を読み、滝沢克己の言葉に耳を傾けるようになった。では滝沢の原点論と水俣に通うことは、私のなかでどうつながるのか。それはとても私的なことがらではあるが、一面で滝沢原点論の現在につうじる思想史的な意味を考察することになるはずだ。

本稿はこうした問題意識にもとづく。そこで以下では滝沢克己と、生前の彼と交流をもち、私を水俣に誘ってくれた最首悟との思想上のかかわりをとらえていく。そこからみえてくることは端的に〝結節点即発起点〟としての滝沢克己である。つまり、〝滝沢克己〟という問いを抱えながら、最首にしろ、そして口はばったいが私も水俣を訪ね歩いてきた。このことの内実にこそ、いま滝沢克己を読み、語る意義があるのだと考える。

一 動かぬ海

1 海はまだ光り

作家・石牟礼道子のエッセイに、「海はまだ光り」がある。滝沢克己を見ていく前に、まずこのエッセイの内容を確認しておきたい。この作業は後に最首悟を見ていく上での前提となる。このエッセイのなかで石牟礼は、不知火海を知識人と庶民、双方の最後衛地として捉え、つぎのように述べた。

（そうした最後衛地である）動かぬ海という原郷がわたしのテーマなのだ。たとえ致死的な毒を注入されたとしても、動くことのできない原郷とは、文明にとって何なのだろうか（石牟礼一九八八：五九、（ ）内引用者）。

ここでの知識人とはさきに村を出て、ヨーロッパに目を向けた者たち、庶民とは高度成長期までに村々を出払い、東京に目を向けた者たちのことを指す。彼女はそうした二つの出郷者にとっての原郷・不知火海こそ、みずからのテーマだという。もちろん、ここでの〝出郷者〟とは、不知火海にかぎらず〝日本列島中の故郷〟からの出郷者を指している（彼女はこれを〝流民〟とも呼ぶ）。ただし、彼女が去れず定点観測しているのは、この不知火海である。

一方、原郷とは最後衛地であり、端的に人びとの生きる場所である。その動かぬ海で、人びとは（逆説的ではあるが）〝動いている〟。その一人ひとりの〝動き〟は、食べ・暮らすことと切り離せない。そして彼女は、そうした食べ・暮らす「人びとの記憶」には、長い災厄の歴史が凝縮しているという。それは波の動きが生む海の光のようなものだ。彼女が背後の海に目を向けると、そんなふうに海がまだ光っている。彼女はこのように言う。

では、そうした歴史の凝縮した原郷とは、〝出郷者（流民）〟たちにとってなんなのだろう。これは、当の出郷者の立ち位置ぬきに語れることではなく、幾通りもの答え方がある。たとえば石牟礼は、そもそも日本の近代的知性、さらにはチッソ幹部はそうした原郷に気づかないという。なぜならそのことは、書物に記されなかったからだ。また、この動かぬ場所を抽象化して捉える、ということも当然出てくる。たとえば、石牟礼は水俣を訪ねる者たちについて、次のように書いた。

> 水俣病患者たちは、その完き受難によって、とある絶対者になりました。ここは聖域で、もはや彼岸でさえあるゆえに、ゴミも芥も学生も運動屋も詩人も流れよってきます（石牟礼一九七三a：三七四）。

海が動かぬならば、そこに訪ねて行ける。その海で人びとは暮らし、「生あるものは皆この海に染まる」だろう（最首悟）。私たちはその海を彷徨《サレ》きまわり、そこで〝動く〟人びとと出会える。一方、ことに水俣病患者が〝彼岸の絶対者〟と見なされるとは、そうした海の〝動き〟が収束・抽象化され、自分の日常的現実を越えた存在になることを意味する。その人たちもやはり「実生活者たちの残された人生の哀歓」を見逃しやすい（石牟礼一九七三b：四二六）。

ならばどうすればよいのか。それに対する石牟礼の返答は、人びとの〝動き〟の歴史と現在を表現に残す、ということだったように思える（羽賀一九八三：四四五）。つまり、「不知火海沿岸一帯の歴史と現在の、とり出しうる限りの復元図を、目に見える形にしておかねばならぬ〔中略〕あらゆる学問の網の目にかけておかねばならない」のだ。そうすることで、のちにまで「原義を抱いている宗教心や、発生史的な芸術を思いも及ばぬ深みにおいて養い育てて来た、感性のみなもと」でありながら、失われようとする「存在の無名層」の声が残る（石牟礼一九八六：三五四〜三五五）。

この石牟礼の思いを受け、一九七六年に歴史家・色川大吉を団長に発足したのが、不知火海総合学術調査団だった。その目的は、不知火海沿岸住民の水俣病と近代化による被害の実態を多角的・学際的なアプローチによって調査することにあった。では、こうして始まった調査団の（出郷者たる）団員たちにとって、この人びとの〝動く〟動かぬ海はいかなる意味をもっていたのか。以下ではその一人として最首悟に注目してゆきたい。

2　〝原点的場〟としての不知火海

調査団の現地調査に、発足の翌年（一九七七年）から生物班リーダーとして参加したのが、東大教養学部助手（当時）の最首悟だった。最首は第二次調査団（一九八一〜八四年）の団長を務め、以後、学生などと連れ立って水俣でのフィールドワークを重ねてきた。前節で〝動かぬ海〟という言葉を挙げたが、この言葉を最首は、みずからの主宰する不知火グループというあつまりの機関誌の題名に据えていた。最首という一人の〝出郷者〟において、石牟礼の〝動かぬ海〟は問いの場となってゆく。調査団の事務局を務めた羽賀しげ子は、最首について次のように記す。

この元東大全共闘の闘士は、水俣へ来ると鬱屈したかまえがなくなり、実に元気なおもざしをとり戻した。不知火海にすっぽり抱きとられたらしく、道子さんの、「一〇年をめどに、やめるときは替りの人を見つけて下さい」という呪文をもっとも真剣に受けとめていた。彼は何かに向かって本気であった（羽賀一九八三：四六三）。

最首は「何に向かって本気」だったのか。このことを考える上で、重度複合障がいをもつ三女・星子さんが一九七六年に誕生したことは、抜きにできない。最首は彼女と暮らすなかで、それまでの「地に足のつかない感覚」が違ってきたという。それは「ここが原点というか、ここを飛ばしてはどこへも行けないみたいな、確実さ」だった（最首一九九一a：一四）。

では、この「確実さ」をえることが、最首にとってどれだけ切実だったのか。それは、彼が助手になって二年目の一九六八年にはじまった東大闘争とのつながりで考えなければいけない。彼は闘争の過程で、自分がいかに「貧しさも苦しみもほどほどの、感性の振幅の小さい、中ぶらりんの存在」であるかがはっきりしてきたという（最首一九八四ａ：二六六）。そのような中ぶらりんで、居心地の悪さの醸成される状況だからこそ、余計に「根源的な問い」、つまり「核といい、原基といい、凝視してみつけ出す何かという漠とした、しかし人間にはあるはずのもの」をめぐる問いはふかまった。そして、この「漠としたもの」が、滝沢克己のいう「実人生の絶対無償の発起点」「人間的主体成立のそもそもの太初に、一切の人の思いに先立って直属する大いなる決定」なのか、追跡したいと書く（最首一九六九：七）。

だが、感性の振幅の小ささのなかではそうした問いも風化していく（高・最首一九七四：七）。その居心地悪さのなかで、最首はみずからの研究を止める。研究をすすめるための意義や対象、方向性の土台部分に大きな欠落があると感じたからだ。そんななか「転機」となったのが、星子さんの誕生だった。彼は、みずからの生は「この子のためにどうしても生きなければならない」と予約されてしまったと書く。その確実さのなかで、「わが生はわがものにしてわがものにあらず」という言葉がやってくる。では、こうしたわがものでない生は、資本の論理のもと、いかに踏みつぶされるのか。最首は、先の滝沢との関係のもとで言われた問いとは別の、こうした問いをみずからの不知火海調査の方向に据えた（最首一九八四ａ：二七五、二七八）。

こうして調査がすすめられる過程で、その方向性は一度言語化されてゆく。すなわち、「水俣にしあわせを探しに行こう」「水俣でしあわせについて考えよう」という言葉がしだいに浮かび上がってきたのだ。原因企業チッソの水俣工場は、水俣に暮らす人びとにとって近代への希望だった。だが、その化学工場が海洋への影響を一貫して無視して流しつづけた汚水が、きわめて広範・甚大な被害を人間をはじめとする諸生物におよぼした。そうした被害のもと、水俣は「しあわせとは何か」という根本的な問いにさらされたのだ（最首一九八八a：一一〇）。彼は次のように述べる。

「しあわせ」は、たぶん定義不能である。穏やかでしみじみしたものから、激しい一瞬の高揚まで、千変万化する。けれどもというのか、しかもというのか、この「しあわせ」の追求こそは、人間の本質である。

ところが、いつの頃からか、私たちは〔中略〕進歩や快適さを、実現できる「しあわせ」の一様相とみなし、そのうちに進歩や快適さこそが「しあわせ」であると錯覚するようになった。そして、このような「しあわせ」を求めて人々が懸命に働くなかで、平時の最大の人間被害――水俣病がひきおこされた。広島・長崎につぐ悲惨が水俣を襲った。この無残な人間冒涜をふたたびおこさないために、私たちは何をしたらよいのか。

安楽さの追求という土台を、そのままにしておいての公害防止という答では、決定的に不足である。真剣に公害防止策を講ずれば、物質に依拠した安楽さはふきとんでしまうはずだ。二律背反的な、いい加減の、欺瞞的な対応を止めて、私たちは原点にかえって「しあわせ」を問わなければならない。その原点的場が、水俣にあると私は信じる（同上：一一二）。

水俣病は「公害の原点」といわれる。この言葉は一般に、水俣病が、産業活動由来の有害物質によって環境汚染が生じ、その物質の生体濃縮・食物連鎖のすえ、人体に影響がおよぼされた最初の例であることを指す。だが最首には、水俣病は「人のしあわせをとことん考える」という意味に解されるようになる。そして不知火海とは、「しあわせ」をめぐる問いがみずからに湧いてくるという意味において〝原点的〟なのだ。この場で人びとはおのおのの哀歓とともに暮らしている。彼は星子さんの居る場の確実さから、そうした場への回路をうがてるのか、と考えたように思える（最首一九九一a：一九）。彼の不知火海調査は、その目的へと収れんし〝本気〟だった。

ここまで（一人の出郷者たる）最首にとって不知火海がいかなる意味で〝原点〟なのかを見てきた。それは石牟礼のいう〝動かぬ海〟が最首にとっていかなる意味をもつのかを確認することだった。ただし一方で、この〝原点〟とは滝沢克己の原点論に接触したのちの、それとの〝距離〟において言葉として立ち現われたものだということに注意したい。すると最首における〝原点〟の意味をよりよく理解するには滝沢原点論との距離へのまなざしが不可欠ということになる。ゆえに滝沢哲学へと遡る必要がある。

二　〝滝沢克己〟という原点

3　あなたはどこにいるのか

田川健三は、〝原点〟という言葉の流行のはじまりは谷川雁の詩論集『原点が存在する』（一九五八年）にあると書き、さらに〝最近（つまり田川がこのように書いた一九七〇年前後）〟の流行現象は滝沢克己によるところが大きいとする。田川によれば、滝沢の思想の全部が原点論なのであり、滝沢の言葉はつねにこの原点論に収れんする。

一方、田川によれば、受け手の側にとっては、そうして語られる原点とは、「はっきりとはつかめないが、自分の生全体を支える根源的なもの」といった意味、ないしは「自分は沖縄を原点として活動しているのだ」といった意味でもちいられる。田川は、この二つが異なった水準のことがらを指していながら、同じ原点という言葉で語られることの曖昧さを指摘している（田川一九七二）。たとえば、第一章で挙げた水俣に流れよってくる人たちにもこうした曖昧さを見出せるかもしれない。

ただし、この原点論とはやり言葉にとどまらず正面からつきあうこともまた可能なのであり、その際には二つの意味が地つづきに現出することもありうる。たとえば最首悟はどうだろう。かれは「大学闘争ででてきた、『ただの人』になりたいという吐息に似た感慨は、わたしにはよくわかった」と書く（最首一九七八c：v）。これは山本義隆・滝沢克己往復書簡（『朝日ジャーナル』一九六九年六月二九日、七月六日号）を直接にはふまえての言葉だろうが、滝沢のいう「人はみな同じ人」であり、「自己成立の真の根柢《ラディックス》への目覚め」こそ肝心ということが身に沁みるからこそ、そういった原点とはなにか、追跡したいと考えたのだ。そうしたすえの水俣行だった。

以下ではこうした原点、とくに滝沢の原点論が最首にどのように受けとめられたのか、また受けとめられなかったのかを確認していこう。そうすることで、不知火海を〝原点的場〟と呼ぶことの含意が読み取れるはずだからだ。

ところで、私たちは滝沢克己のことをどのように捉えればよいのか。それは論者の視点によりいくつもあるだろう。そこで、本稿では「現代の事」を問題とした哲学者としてみたい。彼は「現代」を生きる彼自身をふくめた私たちに、「あなたはどこにいるのか」と問いかけた。それは私たちの生の立脚点・原点を問うことと同義である。だが、私たちは「どこにいるか」という原事実に目を向けず、不徹底なかたちでみずからの〝自由〟や〝主体性〟を主張する。つまり、自由や主体性自体が悪いのではない。そうではなく、自由や主体性そのものを成り立たせる基点にある存在のロゴスを無視することに問題があるのだ。ではそのような、〝現代に生きる〟私たちの姿の帰結は何だろうか。彼は晩年の講演で以下のように述べる。

根源的に、そしてそのつど、まったく動きがとれないように限定（決定）されているということを抜きにして人間の「自由」とか「創造的な主体性」などというものはどこにもありません。〔中略〕近代人の「自覚」というかの病巣が完全に潰されないかぎり、せっかくのその活動、その所産はすべて奇怪な病症の相を帯びて、人間とその世界を脅かす禍に転化せざるを得ません（滝沢一九八八：二一〇～二一一）。

ここでいう「人間と世界を脅かす禍」とは何か。たとえば彼は「ベトナム、王子、三里塚、入管、水俣、四日市等々」にそれをみて、「急を要する」と考えていたように思える（滝沢一九七二b：二八）。むろん、こうした「禍に転化」する事態は実際には「現代」に限られるわけではない。彼は近代五〇〇年、東西、左右、新旧を問わずかかわっているとと述べている（滝沢一九七二a：二二）。

ただし、ことにこれは「現代」を生きる私たちの問題だといえる。

なぜなら、「現代の事」として、このことに目を向けねば、「現実の人生・歴史を真に具体的・総体的に解明、批判、変革する道」はひらけないからだ（滝沢一九六九ａ：三八〜三九）。だが、私たちはおうおうにして、かりに「人間の自立」に目を向けるよう訴える場合も、ほんとうの意味でそれ（つまり真に実在する基礎や目的に直属する自立）を信じているわけではない。結果、たとえば大学の内外、教授／学生、私人／公人といった、みずからに与えられた〝立場〟に嵌入され、自己疎外をふかめている。

4 牽引と反発

前節では滝沢克己を「現代の事」を問題とした哲学者と呼んだ。一方、こうした滝沢には、大学という場所もまた「現代の事」と無関係ではない。勤め先である九州大学の周辺ではストが繰り返され、はげしい闘いがある。それは日本国内のことにとどまらず、ただちに国際間の大きな闘いにつながっている。また、そうしたことを忘れて講義を受けている最中、板付の米軍基地から飛び立つジェット機は猛烈な勢いで教室の上を飛び、授業を中断させる。そうした現実の根もとに目を向けず、大学の自治を盾に中立的態度をとるならば、それ自体がれっきとした政治的態度決定となる。

ここで滝沢哲学を理解するための補助線を一つ引けば、人はみな固有かつ複数の歴史的社会的「役割」を担い、その場その場でそれぞれの「役割」に嵌入される。そうして「役割」に嵌っている最中、人の心のなかには「立入禁止区域」（アンドレ・タルコフスキー）が形成されるのではないか。つまり、その「役割」の内にあるあいだは、その「役割」の外の事柄の放つ「苦悩的要素」に心底身悶えることはないのかもしれない。その事態を、「ただの人」という「原本的事実」に即せば、人間ひとりひとりが内部で「分裂」している状態だといえる。

では、人はなぜこうした自己分裂に陥るのか。滝沢はその源を「近代はじめの『個人の独立』ないしはその『自覚』」に求めようとする。そうした個人とはあくまで「その成立の実在的基盤からほしいままに切り離されて、人間の頭のなかに定立された『実体』」にすぎない（滝沢一九六九b：八七、九九）。にもかかわらず、わたしたちはこうした（実際には特殊歴史的・相対的にすぎない）〝主体的個人〟を「普遍的なもの」と理解し（疑似普遍化）、自己目的化を進める。さらに、この自己目的化はみずからと連帯性をもつ（国家を含む）各組織《セクト》に向けてもなされ、ついには嵌入にいたる。

滝沢は、以上で述べた「傾向」が「たんに何ものでもないもの・たんなる虚無そのもの《das Nichtige》から来る」ことを指摘し（滝沢一九六九c：一五五）、そうした虚無に対して、はっきりと「否《ノン》！」を突きつける。それはいうまでもなく「自己成立の真の根柢」への目覚めにもとづいてなされるものだ。ここに滝沢の考える「ノン・セクト・ラディカル」がある。一方こうした滝沢にとって、最首悟など東大全共闘から発せられた「ノンセクトラジカルの思想」は十分に共感しうるものだった。事実、滝沢は最首悟について次のように述べる。

　最首悟の場合、自己自身の内的状況に対する厳しい問いは、かれを取り巻く外的状況に対する告発を徹底的に遂行しようとする闘いの極、不意にかれ自身を襲ったのであった。「外なる

> 東大の解体」は、自己の「内なる東大」を粉砕することから始まらなくてはならない。〔中略〕一人の最首悟をして、かれ自身の現にもつあらゆる特権、いな、彼に約束された一切の所有から手を放し、敵のみかついには味方からさえ見棄てられて、しかもなお確固として立ちかつ闘うことを必然ならしむる何か、――この隠れたる一つの何かを素通りして、現実の人の世に、いかなる真実の連帯関係、真に永遠的・普遍的な活力も生じえない（滝沢一九六九d：三〇四）。

滝沢自身が「彼らがなおあからさまにそれとは語っていない一つの事を、それとして積極的に、はっきりと言い表す」（同上：三四二）と書くとおり、ここには最首自身というよりも、最首を介した滝沢の思想が表れている。その思想とは「各自の脚下にある原点」にほかならない。ではこれはしょせん滝沢の〝片思い〟だったのだろうか。むろんそうではないだろう。滝沢の原点の思想は、みずからがいわば「分裂人間」であることに居心地悪さを感じる者に、つよく訴える力があったはずだ（山本二〇一〇：七）。だがだからと言って、「わかった（エイヤッ）」とはいかない。最首は滝沢も出席する当時の座談会で、滝沢に向けて次のように発している。

> 滝沢先生が書いておられることには、牽引と反発と両方感じます。「なぜ」と問うことのできない実在は、自分でつかまえない限りいくら読んだってしようがないと、惹かれながら、なかなか読み進むことができない。〔中略〕
> 駒場の諸君は「学問なんて知らないよ」とよくいいますが、学問の側にいながら、ぼくはそ

れに何か共感をもつ。学生の言い方には、ある土俵を設定して、その中で勝負しようとする態度に対する反発と、土俵をくずそうとするときの不安がこめられているからです（折原・北村・最首・滝沢・中岡・松下一九七〇：一六）。

「なぜ」と問わずとも原点はある。そうした原点を万人がそれぞれつかまなければいけない。だが、そのつかむ〝きっかけ〟を、滝沢克己が教えてくれるわけではない（最首一九八六：一九〜二〇）。ではどうすればそのきっかけはつかめるのか。第一章第二節でみたとおり、最首にとってこれは大きな問いだった。他方で「本当には苦しむことのできない自分、そういういやらしい、くだらない自分」にはそのきっかけが得られそうもない（最首一九九七：二八一）。

そうした最首に訪れた転機が一九七六年の星子さんの誕生であり、一九七七年からの水俣行だった。では、最首にとってこれらの〝確実さ〟は滝沢のいう〝原点〟と類するものだったのか。つまり、〝不可分・不可同・不可逆〟な原点への〝きっかけ〟だったのか。いや、やはりそこには牽引だけでなく、彼なりの反発、つまり距離感があるのだ。そしてこれは視野をひろげれば、〝水俣にかかわること〟の根幹にもかかわる問題でもあるのだ。

三 彷《サ》徨《レ》きまわる

5 コンティンジェンシーの消息

前節での議論を別の角度、つまり滝沢克己が「人間」をどのように理解していたか、からみなおしてみたい。滝沢は、私たちの日常的な生や社会が「慢」という「今日の時代一般の巨きな病」（宮沢賢治）に陥っているという（滝沢一九七五、一九九一など）。滝沢にとっての「慢」とは、まったくの虚無にたぶらかされ、自己成立の根柢（神人の原関係）にしっかり立とうとしない人間の倒錯を指している。それは彼自身の事でもある。ただし、彼はそのことを認めたうえで、だからこそ「食べる、食物を作る、作る物を作る」といった私たちの日々の活動のすみずみまで、根柢からの「必然的な制約」のもとにあるとする（滝沢一九七二c：一九三）。

ではひるがえって、私たちはそうした「食べる」にはじまるみずからの生をいかに経験しているのか。滝沢はこれについて、一貫して「コンティンジェンシー（contingency／偶発性）」という言葉のもと説明してきたように思える。すなわち「人間の業を中心にこれを見れば、人間の存在はいつも、その業の正邪曲直・高低精粗とはまったく別な、絶対にコンティンジェント偶然的な事態にすぎない」のだ（滝沢一九九一：二一二）。むろん繰り返せば、こうした「人間」存在は、滝沢にとって神人の原決定（すなわち事実存在に対する根源的な本質規定）あってのものである。この両者のあいだには、絶対不可分・不可同・不可逆の関係がある。

滝沢の議論の要諦は、まさにこの〝関係〟への目覚めにある。ただ、ここではもう少しコンティンジェンシーにこだわりたい。そもそもコンティンジェンシーとはなんなのか。これについて滝沢は細かく説明するわけではない。ただし、滝沢がこの言葉を西洋哲学史を前提に用いているのは間違いなく、すると次のようなことが考えられる。すなわち、コンティンジェンシーとは〝認識上の不確かさ〟といったことを指すのではない。そうではなく、私たちの行為選択にかかわり、〝本当のところ、ほかのようにもありうるが〟〝いまおかれた状況（一回性の現実）のもとで〟ある行為に〝限定して〟選ぶ、そこに見られる〝偶然性〟のことを指しているのだ。すなわち、

「有意味」な行為・体験Aは、①ここでは目下、②XでもYでもZでもなく、③他ならぬAとして、という否定的限定・限定的否定に媒介されている。〔中略〕Aという意味ある行為・体験において「X、Y、Z……」という他の可能性は、「でなく」という否定辞によって否定されるのだが、それらの否定は①にいうように「目下ここでは」なのであって、それらの諸可能性は、条件いかんによってはイマでも現実化しうるものとして〝保存〟され、そのうえで「Aとして」規定されているのである（大庭一九九〇：二一六）。

この引用のうちとくに注意したいのは、ある（否定された）可能性は〝条件いかんによっては（つまりたぶんに偶発的に）〟あらためて現実化される可能性をもつ、という点だ。この非–必然的な、行為のはらむ偶発的可能性こそ、（現実がどれほど一回的で、苛烈であろうとも）人間の〝自由〟なの

だ。滝沢は言う。「人間存在の事実、一般に物の事実存在はけっしてそれ以外の何かの形や秩序から引き出すことができない、絶対に偶発的(kontingent)な出来事だということを意味します。そうでなければ、厳密な意味で人間の『自由』ということも不可能なのです」(滝沢一九八八：四三)。

6 〝滝沢克己〟を読み、水俣をゆく

もちろん繰り返せば、滝沢はここにとどまらない。彼は以上を認めたうえで、本当に問われ・問う者は、その自由が〝必然的に〟太初からの「神人の原本的な関係」に由来することを指摘する。ではここで前章の議論に戻ろう。たとえば最首悟は先に確認したとおり、以上のような滝沢の議論に牽引と反発を抱く。とくに反発は、みずからの〝必然性〟へのきっかけのなさに由来するといってよい。すると彼はどこにとどまるのか。前節の議論を踏まえれば、コンティンジェンシーのもと、ということができないか。それは行為選択における偶発性ということだが、結局(たしかに〝自由〟とは言うが)「目下この一回性の現実という条件」を抜きにできるわけではない。本当の意味で、ランダム(偶然的)に行為選択できるわけではないのだ。

たとえば、彼にとっての現実とは「大学と官僚と資本の三本柱が抑圧体系を構成するというのは、大学にいるものとしてはどうにもまぬがれられない」と言い表せるだろう。六〇年代末の彼はこの現実の自縄自縛さをなんとか否定しようとした。だが、否定しようにも否定しうるだけの自己がない。そのことは、いかに彼のなかで「いたたまれなさ、うしろめたさ、やましさ、その思い」を増させたのか(最首二〇一〇：二二九〜三〇)。

きっかけをつかめれば、〝根無し草〟、根柢（根基）からの〝遊離〟した状況、つまりフリーラジカル（遊離基）から抜け出せ、さらには先の抑圧体系に加担する自己を否定できるのか（最首一九九一b：一一）。たしかにそれはそうなのだろう。だが、その「〈きっかけ〉」については、滝沢さんは何も教えてくれない」し、つかもうと思ってつかめる性質ではない（最首一九八六：二〇）。結局、どこまでもコンティンジェントのもとで、おろおろせざるをえない。

　では、そうした彼にとって、星子さんや不知火海（水俣）とのめぐりあわせは、そのきっかけとなったのか。いや、そうではないだろう。最首は〝わからなさ〟ということをしばしば言い、そこに定位することが大事だという（最首一九八八c：一一）。星子さんや不知火海（水俣）をいくら突きつめても、わからなさが残る。さらに言えば、そのような人間主体的な取り組みで原本的事実を「わかる」ことはないだろう。結局残るのは、「しあわせ」とはなにかと場から問われ、みずからもその場に居ること、みずからがその場をおろおろと彷徨《サレ》き歩き、みずからも問うことのもつなにほどかの確実さである。それもまた一つの人の生き方（＝倫理）である。

　たとえば次のように考えられないか。みずからの一回的な現実に、別様である可能性（選択肢）が現出する。ただし、そうした可能性をいつも望みどおりに選択できるわけではない。だがその可能性は消滅するわけではない。それはみずからの現実を〝問う〟ものとなる。たとえば、最首は水俣で「『しあわせとは何か』という根本的な問いにさらされた」と書く（最首一九八八a：一一〇）。そのように不知火海（水俣）で問われ、水俣を抽象化するのではなく、おろおろしつづけることこそ、何の解決にもならないが、自分にとって〝大事なこと〟となりうるのだ。その意味で〝原点的〟なのだ。これこそ不知火海という場所が〝原点的〟であることの意味だ。

では結局、最首悟にとって滝沢克己の原点（論）とは何なのか。それは牽引と反発、言い換えれば結節点即発起点だとすることができる。滝沢に結節（牽引）され、根源的な問いにぶつかる。だが、その問いを「わかった」とするきっかけはない。そのとき、みずから発起（反発）せざるをえない。そして、それはみずからがコンティンジェントに生きることを明らかにするはずだ。ただし、そのとき滝沢の問い（可能性）が消失するわけではない。あくまでその問いもふくめて、その〝わからなさ〟をおろおろと彷徨《サ》《レ》きまわることになる。

最後に、滝沢克己を現在読む意義とはどこにあるのか。また〝動かぬ海〟不知火海を訪ねつづける理由はどこにあるのか。端的にそれは、みずからの〝自由な〟生に、ままならない〝問い〟を重ねていくことだ。その問いへのすぐれた解決策をもっているわけではない。だが、問いを、つまり可能性を抱え込むこと自体が〝いまとは別様に〟という可能性を萌させるのだ。そのために読み、訪ねるのである。

文献表

石牟礼道子、一九七三a、「道行」『流民の都』大和書房（初出：一九七〇年）。

——一九七三b、「絶対負荷をになうひとびとに」、同上（初出一九七一年）。

——一九八六、「島へ　不知火海総合学術調査団への便り」、『陽のかなしみ』朝日新聞出版（初出：一九七七年）。

――一九八八、「海はまだ光り」『乳の潮』筑摩書房（初出：一九八六年）。

色川大吉、一九八三、「総論」『水俣の啓示　不知火海総合調査報告（上）』筑摩書房。

大庭健、一九九〇、「訳者解説Ⅰ」、ニクラス・ルーマン、大庭健・正村俊之訳『信頼　社会的な複雑性の縮減メカニズム』勁草書房。

折原浩・北村日出夫・最首悟・滝沢克己・中岡哲郎・松下昇、一九七〇、「座談会　学問・教育・闘争上」『朝日ジャーナル』（三月二二日号）。

高史明・最首悟、一九七四、「対談《党》の神話と差別・抑圧」『情況』（二月号）。

最首悟、一九六九、「自己否定のあとに来るもの」『朝日ジャーナル』（一一月一五日号）。

――一九八四a、「不知火海へ　調査行の私的起点」『生あるものは皆この海に染まり』新曜社（初出一九八〇年）。

――一九八四b、「〈水俣〉への序　基層的共同性をもとめて」、同上（初出：一九八一年）。

――一九八四c、「はじめに」、同上（初出：一九八四年）。

――一九八六、「孤立有援ともいうべき事態」『滝沢克己　人と思想』新教出版社。

――一九八八a、「水俣で自らに問う」『明日もまた今日のごとく』どうぶつ社（初出：一九八四年）。

――一九八八b、「意図して忘れようとする動きに抗して」、同上（初出：一九八一年）。

――一九八八c、「かけがえのない子だと実感するとき」、同上（初出：一九八七年）。

――一九九一a、『水俣の海底から　『終われない水俣展』講演録』京都・水俣病を告発する会。

――一九九一b、『半生の思想』河文化教育研究所。

——一九九七、「アドリブ派宣言　高橋和巳の死と全共闘」『全共闘を読む』情況出版（初出：一九七一年）。

——二〇一〇、「公害に第三者はいない」『「痞」という病いからの　水俣誌々パート2』どうぶつ社（初出：二〇〇八年）。

滝沢克己、一九六九a、「万人の事としての哲学」『「現代」への哲学的思惟』三一書房（初出：一九六七年）。

——一九六九b、「現代の精神的状況」『現代の事としての宗教』法蔵館（初出：一九六〇年）。

——一九六九c、「現代の事としての宗教」、同上（初出：一九六八年）。

——一九六九d、「破壊と創造の論理　『思想の自由』から自由なる思想へ」『大学革命の原点を求めて』新教出版社（初出：一九六九）。

——一九七二a、「序」『ドストエフスキーと現代』三一書房。

——一九七二b、「〈偏向〉とは何か　伝習館問題に寄す」『私の大学闘争』三一書房（講演年：一九七一年）。

——一九七二c、「『人間の原点』と私の呼ぶもの　田川健三の批判に答えて」、同上。

——一九七五、「現代教育の盲点　宮沢賢治晩年の手紙に寄せて」『わが思索と闘争』三一書房（初出：一九七二年）。

——一九八八、「物と人と物理学」『純粋神人学序説　物と人と』創言社（講演年：一九八四年）。

——一九九一、『現代の医療と宗教　心身論をめぐって』創言社。

田川健三、一九七一、「原点の思想　滝沢克己『原点論』批判」『批判的主体の形成』三一書房。

羽賀しげ子、一九八三、「調査団日誌」、色川大吉編『水俣の啓示（下）』筑摩書房。

山本義隆、二〇一〇、「滝沢克己先生のこと」、三島淑臣監修『滝沢克己を語る』春風社。

Ⅳ

14　手に余りながら付き合いは続く

最首　悟

一　荊冠をかぶる石牟礼道子

滝沢克己さんについての今日の話とかかわりますので、はじめにふれますが、先日、石牟礼道子さんが亡くなられました。わたしは石牟礼さんの追悼文のなかで、石牟礼さんの文を引用して「石牟礼さんは〝荊冠〟をかぶった」と書きました（『現代思想』二〇一八年五月臨時増刊号）。これは「水俣にかかわること」の根本問題です。

石牟礼さんは無名の生活を投げうった全的献身ともいうべき支援者がいることを書き留めて、その事実を自らの荊冠とするというのです。でも、まったく無名で、自分の生活から何から犠牲にして水俣病被害者の座り込み闘争を支援した人なんていないわけです。ですが、いたことにしたい。石牟礼さん自身も当事者として、差別が重層的にからみあったこの世界で、無罪・無垢ではいられません。まして『苦海浄土』（一九六九年）を書いて、大宅壮一ノンフィクション賞（第一回）を辞退したものの、名を知られることになった。だからなおさら、純粋な人、純粋になれる人の存在を置いて、その人と自分との距離をつねに意識するとしたわけです。

石牟礼さんは、短歌の先生から、あなたには猛獣がいるから檻に入れるようにと言われた。それと、「気狂い」に定位しないと生きていけないとしたこと、その二つが範型からの距離を絶えず確認して、その距離が縮まらないことを自らの生是、生きるよすが、とした。生是とはまた、こなれない言い方ですが。はやばやと打ち出された宇井純「公害に第三者はない」に対しても、石牟礼さんは範型を〝荊冠〟としてかぶろうとした。いやいや、範型からの距離をいささかも縮めないという覚悟を〝荊冠〟としてかぶろうとした。それは虚構にたいして虚構を重ねているようなものです。ですが、それくらいの仕かけをしないと、石牟礼さんは自分が有名になり、ちやほやされ、さらにそれに乗らなければならない自分を許せなかったのだと思います。いわば「自分を許せる」ことにとどまるための、滝沢克己さんではありませんが、〝大地〟をつくったわけです。

その大地はとても塩からい大地です。究極的には安心を得られるでしょうが、とうてい安楽ではありません。たとえばイバン・イリイチが八〇年代初頭に水俣で発した問いかけがあります。「患者は認定されることで本当に救われるのか」。お前はなにをやってきたんだというときに、みずから荊冠をかぶるというのが石牟礼さんの収まり方だったと思うのです。それは〝政治的〟だともいえますが、政治に収まりきらない。人は生きるうえで、どうしても「それでいいんだ」というところをみつけ、つくらなければいけない。石牟礼さんの「それ」には〝火刑〟も含まれるのですが、〝荊冠〟にしろ〝火刑〟にしろ、甘やかな心象世界への入り口でもありましょう。

では、みずからへの刻印として、「自分は罪人です」といってどうするのか。この問題は親鸞の問題でもあります。「自分は罪人です」「悪です」ということは、なにを意味するのか。逆に「自分は善人です」というのは、相当に底が割れそうです。対して「自分は罪人です」というのは、ほとんど底なしです。はたして今日も明日も罪をかかえて生きていけるのか。そこで徹底して悩むと宗教が出てくるのか。困ったときの神頼みとどう違うのか。石牟礼さんは得度して有髪の夢劫尼になりましたが、そのことについてわたしは情報をもっていません。そのこともふくめて、今日の滝沢さんの話とつうじる問題です。

一方で、そうでない、着地しない立場もあるでしょう。つまりフワフワとした〝漂私〟です。「私がしっかりある」ことを認めたくない、わかりたくない。つまり「わからないことへの安住」以前に、わかりたくない、わかることへの拒否がある。これは「学問をなぜやるのか」という、少年の憧れから学問の世界に足を突っ込んでいったときにかならず出てくる話です。いったい、何をわかりたいのか。そういう意味で学問することの根拠がほしい。それさえあれば、一生やっていけるというズルさでもある。そのズルさについて「どうなんだ?」というのが、東大闘争のテーマでした。いったい、どこでごまかしてるんだ。学生たちはそうした教授たちのすがたを見たくなかったわけです。

二 滝沢克己の衝撃

さきほど〝漂私〟ということを述べました。わたし自身がまさに漂私だと思うのですが、そうした漂私にとって、存在していること、そのものにまつわる罪は自分では自覚できないものなのではないだろうか。自分が罪ある者であることを、どうしても自覚できない。無垢、無辜をまったく認めないというわけではないのですが、知恵の実をかじった罪も腑に落ちていない。人に言われたって聞く耳があるか、お説教のレベルになってしまう。椎名麟三の「人にはほんとうのことはわからない」がずいぶん効いていることは確かです。いや、確かといってしまう問題がありますね。

具体的な盗みや怪我をさせるなどの罪は省きます。人に「おまえはこういう悪を犯した」といわれたとします。していないと抗弁はしない。「どうせそういう人間でしてね、まあ、そういう器量です。『悪を犯した』といわれても、わたしの核みたいなところにはなにも応えない」となる。わたしが問題としてかかえてきたのは、そうした自覚できない悪を自覚ないままにやってしまうことです。それはいったいどうしてそうなるのか。神という代理、というとおかしいですが、神そっくりの神というか、直接性を帯びた神というか、人が考える神ではない神との関係がわからないので、神の名においてというと、はっきり人間になってしまうので、それも違うのですが、いわゆる神が悪を罰するということも認めたくはない。

こうした問いをかかえるなかで、わたしにとって滝沢克己さんは衝撃的に魅力でした。魅力というのか、引き付けられる、磁力がある。根拠や大地、最初のゆるがせにできないそもそもの立脚点があるんだ、というのは、なにか底抜けに突き抜けてしまっている。無底の底でないと凄味がない。ただし、そのことがまた問題でもありました。〝底抜け〟ってなんなんだということです。

「山本義隆・滝沢克己往復書簡」（『朝日ジャーナル』一九六九年六月二九日、七月六日号）のなかで、滝沢さんは「本当のちょっとした糸をあなたがつかまえたのはエラい。だけどもちゃんとその先があるんですよ」といいますね。究極の先について信じる——。人間にはそのような言い方しかできませんね。その「信じる」という表現がなにを表しているのか。信じること、それをちゃんと言いなさいといっても言えないわけです。それはもう跳ぶことです。そのことを認めなさいといってるようなものです。わたしにとっては「不可知の雲に跳びこめ」（『不可知の雲』一四世紀、イギリス、作者不詳）がいちばん響きます。

罪への責任ということでいえば、免れられない責任というのは、やはりあると思うのです。ですがそれがなにかとなると、追求しきれない。追求しきれないなかで浮かび上がってくることは、自分が当事者で、「ほんとうに悪いことをしました」というときに、ではどう責任をとるのかということです。

つまり悪をなしたのなら、償いが出てきます。その償いをどうするんだ。このことがわからない。償いをとれるような、決着がつくようなある軽さを帯びた悪を自分はしたのか、それとも、どう償えばいいのか全然わからないような悪をなしたのか。そうした悪の引き受け方の問題が、東大闘争のころから現在にいたるまで、自分にはわからないのです。たとえば学問の罪とはなにか。学問が悪だとしたら、言葉をしゃべる人は根本的に悪の世界にいることになるというのは、ずっといわれてきたことです。

そこに滝沢克己さんは出てくるわけです。ですから、滝沢さんのショックというのは、それなりの下地が、万事いい加減というような下地がない人には出てこないのかもしれない、ということです。自分に自信がもてないときに、「ここに出発すべきスタート点が厳然としてあるのだから、ちゃんとそこからスタートすればいいんだよ」と教えてくれる。それにのっかることができれば、かかえている迷いをおさめることができる、として、のっかることも決断です。

これは悪人正機の考えにも通じますね。悪人正機では悪は救われる条件です。そのため、悪の自覚も含めて、悪を認めるわけです。では、「自分は善だ、悪だ」という自覚のない人はどうしたらよいのでしょう。たとえば「オレは悪を自覚できないが、悪をしないわけがない。ではその償いはどうしたらいいのか。償いそのものも姿を現しようがない。結局、解決の道を自覚できない」云々。それに対して、自分の器に閉じこもっているからいけないんだ、完全に自分を捨てなさい、となる。自力です。悟りとはそういったことですね。ですが、「そう言われてもなぁ」という感じが他力を招く。滝沢さんのようにいえる人がいるということ自体がスゴいという思いはちゃんとあるのですが、同時に自分がそこにそう関係してこないわけです。

三　衝撃の下地の下地

わたしが最初に読んだ滝沢さんの本は、『夏目漱石』（一九四三年）です。「山本義隆・滝沢克己往復書簡」が出たのち、山本義隆から借りて読みました。それまで滝沢さんを読んだことはなかったし、名前も知らなかった。そもそも東大闘争の時点でキリスト教をはじめとする宗教関連の本も、宮沢賢治もほとんど読んでいなかった。ただ絶対矛盾的自己同一とか則天去私は知っている。同一とか天はぼぉーっとした印象をもっていました。それに比べると無底の底は盤石といった感じです。

思考といえばインテリゲンチャということで、その対極に大衆を置く。自分はどっちか。自分は知的な営みをやってるのか。わたしの専攻していた生物学の場合、ほとんど知的な営みと思わなくていいわけです。手仕事、職人仕事をしてるだけなのです。職人仕事のなかで、たとえば彫刻みたいに、大理石や木のなかから像を顕在化させていくだけなのです。

一方で、わたしは中学三年のとき、といっても一九歳なのですが、国語の教師で酒屋の息子という先生にお酒と藤村操を教わったのですが、その藤村に囚われていたということがあります。そう、タバコはね、吸えているときは喘息ではないという吉行淳之介を真似た。藤村操というのはどうしようもない、という感じなのですが、一六歳八ヶ月にして「自分はすべて知り尽くした」という思いが出てきてしまっている。それはなんだろう。なにか一つの思い込みがあると安心できるというのが、わたしにつきまとっていました。

その「なにか一つ」ということで思い出される、小さなころによくみた夢が三つあります。いずれも小学四年ごろから喘息の一番つらかった小学五年ごろのものです。だいたいそれらの夢をみるときは発熱しているときでした。父親が結核で入院していたころのことで、そして父親は死ぬのですが、三日間、布団に寄りかかって座っているとか、食べられないということがありました。自分でアドレナリンを射つのですが、すぐぶりかえす。

その夢の一つは「自分はもういいよ」と思っているのに、じりじりと井戸の壁を這い上がっていくような、いも虫みたいな自分を見ているというのです。もう一つは夢をみているときに自分が何か骨盤みたいな骨の中に頭を入れている。枕が骨盤みたいな骨なんです。それにがっちり縛られているような感じがありました。そして、最後の一つは白衣をきた、もう頭もみえないほどの巨人のつづら折り的な行列が斜め上に向かってずっと歩いていく。そのそばに自分がうじ虫みたいに寝てるんです。そして巨人たちを自分は見上げている。何回も見た夢でした。

これはいったいなんだったのでしょう。とくに白衣の巨人をながめているときは、自分の矮小感覚が強調されている。また自分の意思ではどうにもならない自分がいて、「もういいよ」というのに、どうして這い上がっていくのか、という気持ちがあった。そうした気持ちをかかえたなかで、藤村操の「曰く不可解」を知ったのです。華厳の滝の岩頭に立ったら平安がひらけたというのは羨ましい話です。中学三年のころには喘息も最悪の状態は抜けて、わたしは長男で三男の弟と一緒のクラスに入れてもらっていたというめったにないケースですが、そこそこ学校に行って国語の先生に目をかけてもらったという次第です。

三つの夢をみていたころ、別に絶望していたわけではありません。自殺を思ったことは一回もない。ただ夢のなかで「這い上がらなくても〝もういいよ〟」といってるのです。それで藤村操に出会うわけですが、一番の思いは「平安という意識がおとずれてくるんだ」ということで、そしてそれにはそれなりのことをしなくてはいけないという思いを抱いたのです。これが当時、滝沢さんに衝撃を受けた下地の、さらに下地なのだと思います。

四　マイナスからゼロへ

平安を〝原点〟だとすれば、わたしはマイナス（負）にいる、ということになります。そうした思いがとくに強く出てきたのが、東大闘争でした。プラス志向はふつうにあるのですが、それでどうするわけと片方で思う。しあわせにはもともと縁遠いし。プラスはいつもあるのですが、意識としては原点未満、原点以前にいる。「原点はある」というところに行きたいという気持ちです。原点は掘るのか、ゴールなのか。谷川雁にしろ、吉本隆明にしろ、掘る派です。冒頭で悪の問題にふれましたが、これはこの「マイナスにいる」といい換えられます。

一方、今ではその平安というのは、おそらく〝平常状態〟のことだと受け止めます。つまり「ずっと歩いている」というだけの話です。でもなぜ歩いているのかわからないし、人と一緒に歩いてるのですが、コミュニケーションもない。一定速度、感情の起伏もなく、ずっと歩きつづけていて、気がついたら違うことになっている。その変化を自分が自覚できるかどうかもわからない。永遠に歩いているわけでもないように思います。星子が二〇歳になり、「もっと錘を降ろさなければ」と書いたころ以来です（『星子が居る』一九九八年）。天地をひっくり返すと、錘をおろすのと、手を上にさし伸ばすのと、おなじなのかちがうのか。

ところで悪・マイナスということで、もうすこし話をつづければ、「苦しみを与える」とは、悪ですね。悪と苦しむことはつながっています。自分が苦しむ、人が苦しむ。そのとき悪ということのなかに身を置いているという感じがあります。

ただ、苦しむということで、善と反対のことをしているという思いになかなかならないですね。善というのはそんなに考えていない、というより、悪よりもわからない。つまり自分の体験として苦しむということはわかる。一方、自分が何かいいこと、善をしたことがあるか、というと覚束ないのです。自己愛ということで言えば、自分は苦しみのなかにあって、苦しみというのは引き受けた苦しみなのです。「共に苦しみます」といったら、なにかよさげに聞こえます。

ともあれ、「私は苦しむ」というのは、やはり悪のほうに位置づいている。そのため「苦しみがない」というのは「悪がない」ということになる。自分は苦しみがない、短いあいだでも苦しみがないというときがあるとして、そのときに、そのほんとうに苦しいとか、悪ということから免れているか……、ただそれを自分で自覚できない。では、自分で自覚できない悪というのは、絶対的な悪かといわれると困ってしまう。

ですがこのようにいっても、すごく疎いところもあります。たとえばずっと喘息で苦しむとき、肉体的な苦しみでいくら苦しんでたって、生きるか死ぬかのなかで、自分はそれと無関係でいられるということもありえると思うわけです。そうしないとやってられない感じもあります。喘息は気絶すると楽になるのです。なかなか気絶できない。でも、気絶をよそおうのです。

自分が悪だというとき、それに対して苦しむとは、なにかを引き受けて、罪を引き受けて苦しむというより、そもそも自分が苦しむことのなかにいること自体が悪なんだ、という感じです。典型的には「あんた自身は罪を犯してないが、先祖が罪を犯したのだから、あんたはいま苦しみのなかにいる」といういわれ方です。逆に引き受けた苦しみは善の方にいってしまう。

五　生身の直接性の希薄さ

ここまで悪、マイナスということをいってきました。それをひと言でいえば、自分はどうしようもなく悪の方にいるのでしょうが、そのことがそんなにはわからない、ということです。いろいろな理由があります。

たとえば、自分はもともと生身の付き合い・関係性が薄い。そのため善とか悪というものを考えていくにも限界があるのではないか。そもそも生身の付き合いということをやってきていない。生々しさということから根本的にどっかで隔てられているという感じです。それはなんなのでしょうか。ではそんな自分にとってマイナスからゼロへというときの、ゼロ（原点）とはなんなのか。これこそ滝沢さんをめぐる問題になります。滝沢さんはスゴい。ですが「スゴい」ということ自体にすでに否定が含まれている。「スゴい」といった先のかかわりを滝沢さんともてない。

悪にしろ善にしろ、そもそも生の肉の問題です。〝直接性〟といういい方がありますが、人との付き合い方が濃密ではない。濃密であることに、そもそも耐えられない。体力がないということもあります。そうした、直接性から疎外され、自分のなしている悪ということを自分が把握できない、悪いことをしてないといったとたん浮かび上がる悪。それがなんであるかわからないのですが、存在そのものの悪、というのは悪を超えている。

「生まれてきてすみません」という悪の表出もありますね。ではどうしたらよいのか。といっても自殺しても全然すまない、未決済です。でも「生まれてきてすみません」と言いたい。だってしょうがない。自分は自分が生まれてくることにかかわっていない。そのためズルチン的な甘さがある。サッカリンの方が量を間違えるとすぐ苦くなってしまいますが。人工甘味料、そしてズルいチンの響き。一九三六年生まれの痛切な思い出です。砂糖ひとさじがなめられたら……。言った途端に「自分は自分で生まれてきたわけじゃないんだ」という弁解を述べていることになる。親に責任を押し付けるわけです。すごくいやな甘さもあって。砂糖だとほんわかしている。

そうして戻ってくるのは、悪ということを自覚できないわたし自身です。それは根本的に居心地が悪いのです。その居心地の悪さには「あなたえらいですね、やさしいですね」といわれることのそれも入ってきますが、一番は「生きていること自体が悪なんだ」ということがわからないことですね。

わたしはこれまで〝漂私〟という言葉を使ってきましたが、漂私とはこうした居心地悪さのなかのわたしをいい表そうというものです。それは霧のなかをふわふわと、中途半端に軽く漂っている感じです。そうして自分が軽いということも、いたたまれなく、悪（マイナス）の意識をもたらします。冒頭で石牟礼道子さんについてふれましたが、石牟礼さんも相当にこうしたことを思っていたのではないかと思います。

六　わたしにとっての滝沢克己

結局わたしにとって滝沢克己さんとはなんなのでしょう。まず出発点というものがほしい。なんだかボヤっと、居心地悪さに気づかないような居心地悪さのなかで気がついたら歩いている、というのはまずいのではないか。ですから滝沢さんに憧れているのだと思います。またわたしの〝先生〟である無教会派の西村秀夫さんへの憧れでもあります。私淑というよりタチが悪くて、先生は一人いなくちゃいけない、先生に決めようという先生なのですが、西村先生は「最首君はクリスチャンにきまっている」というのです。漂っているという自意識と跳んでしまっているというご託宣と。

「本当に信じる」ということがわからない。「本当に信じる」といっても、それはそう「信じている」だけにすぎない。では「信じる」とはなにかといったら異世界的なのです。そして、学問もこのことが元になっているとすれが、学問とはなんなのでしょう。滝沢さんへの距離とはこのことに尽きます。

その一方で、たしかに生身の直接的な世界というものはある。それは〝本を読まない世界〟といってもいい。わたしの家では星子がそうです。また、一九六〇年代の水俣にもそうした世界はあります。星子が生まれたあとに水俣へ通いだしたのは、どうすればその世界に穴をうがてるか、ということがあったと思います。ですが、わたしには結局、その本を読まない世界には、本を読み、字を書く人を媒介にしなければ近づけなかった。たとえば女島の井川太二さんです。わたしが水俣についてまとめたのは井川さんの日記を基にしてでした。石牟礼さんはそうした世界を「動かぬ海」と表現しましたが、その動かなさはやはり滝沢さんの原点とはちがう。

また、漁師の緒方正人さんは「チッソは私であった」「もとのいのちに戻ろう」といいます。ですが、そうした緒方正人さんと会ってやはり感じたのは、彼は本を読まない世界にいるということでした。彼は網元の息子ですが、漁師の世界では、親がせがれを教育する際、本を読むな、本を読んだら漁師はろくなことにならない、という。もっとも東大本郷の動物学の徒弟修業でも同じテーゼが生きていましたが。そうして直接性なしのイマジネーションの世界を拒否するわけです。直接性のなかにこそイマジネーションははらまれているからです。ただし、彼は「その直接性を言葉にせよ」と周囲から責められる立場になり、なんとか言葉にしようとしている。

いずれにせよ、生の営みでの広がりの世界と言葉による広がりの世界。前者はとてもナチュラルであるのに対して、後者は人工的であることが否めません。ただし、滝沢さんはそうした世界の広がりを、言葉によってなんとか収れんさせようとした。そのことについて滝沢さんは一つの言葉をもっているわけです。逆に水俣の世界はどうか。それはたぶん収れんさせ、言葉にしてはいけないのだと思うのです。そうした対比はあります。そして、わたしはそれを〝いのち〟といっているのです。どちらに対してもわたしは欲張りなんですね。そして、水俣にも滝沢さんにも辟易するところがあるのです。水俣は直截に無底で、滝沢さんは無底の底、ベーメを介して水俣か、いやそれじゃ水俣から離れるのだろう。辟易というのかどうか。でも辟易しながらとは、手に余りながら付き合いは続くのです。一切の宗教を超えた汎と、割り切れない、たどりつかない雑と。

15　読解の座標を求めて

佐川愛子

一　はじめに　滝沢哲学との出会い

滝沢克己先生との出逢いは、一九八一年に読んだ『ドストエフスキーと現代』であった。その「序」において先生は、連合赤軍派が起こした山岳ベース事件に対するマスコミの反応に対して、「しかし、私たちがその潮に乗って、かれらを自分から差別するとき、私たちはそのように差別する自分自身を、どういうものと考えているのだろうか。自分自身の何であり、どこにいるかを、ほんとうにありのままに見きわめているだろうか。ひょっとして、かれらを非難・嘲笑する私たち自身のなかに、ドイツ人の《Schadenfreude》(1)と呼ぶあの快感、どこか薄暗い自己満足が忍び込んではいないであろうか。そうして、この自己満足、怪しく甘いこの快感に身を委せるとき、かれらを——もともと『優しくて素直な子供』であり、『よく出来るまじめな生徒』であり、『頼もしく愉快な友達』でさえあった若者たちを——あの凄惨な地獄にまで追い込んだ無気味な何かは、すでに音もなく、私たちの生命の奥深く、その作業を開始しているのではないであろうか」と鋭く問いかけていた。このわずか三ページの「序」は、「人間存在の根元に横たわる或る大切な一事を無視して……」「私たちが、人間のではない・ただそれのみが本当に確かな・愛の熱さと冷たさを知らないとき……すべては、人間存在に本来自然な生気を失って狂い始める」「事実存在する人間にとって、真に頼むべく畏るべきものは何か。それはどのように私たち各自、すべての生死にかかわっているか。あなた自身、私自身のいま居る此処はそもそもどこか」「自己自身・人間自身の事でありながら、人間のあらゆる思いからまったく独立な存在の事実のロゴスを能うかぎり精確に聴きわけ、平明に言い表す真正の科学の道が……人の生命の奥底にまで届くことなしには、私たち生ま身の人間の生活と政治が、魔術的・イデオロギー的・昂奮から根本的に解き放たれて、真に個体的・全人類的な美しい形を成すことは、とうていこれを望むべくもない」（一―三）と、それまで読んできた全ての本とまったく違う処から発せられている、心を、魂を、直撃する言葉と問いかけに満ちていた。

　それまでにまったく出合ったことのない、深く鋭い問いかけだった。そしてそれは、すべての人への問いかけであると同時に、私個人が十代半ばで抱いた「ほんとうの自分になりたい！」という強い願望への問いかけのように思えて、鳥肌が立った。私のそれは、青少年ならおそらく誰もが抱く「今の自分はまだ本物の自分じゃない、もっと良いほんとうの自分がどこかにきっといるはずだ」というような、切羽詰っていながらも漠とした思いだったのだろうが、滝沢先生と出逢ったその時に、まるで予期しなかった方向から、その思いへの問いかけがなされ、答えが示唆されているのが直覚された。人とは、もともと、初めから終わりまで、どういう存在であるか、人は、私は、何を支えにして何のために生きるのか、と。それから後は、手に入る限りの滝沢先生の本を手に入れ、寸暇を惜しんで読み耽った。正直、その文章を正確に理解するのは困難を極めた。言葉の正確な意味が掴めず、論の展開についていけない箇所も多かった。それでも、これは本物だ、ここに真実の答えがある、という確信は揺るがなかった。だから、「滝沢」と格闘している時間は私にとってまさにブリス（この上ない喜び）だった。

この出遭いは、私にコペルニクス的転回をもたらした。「滝沢」以前と以後では、全然大げさではなく、眼に映る風景がまったく違っていた。自分という存在を含め自分が今生きている世界が文字通りまったく違って見えた。「滝沢」を読んでそこに言われていることをすべて正確に理解したわけではなかったが、自分自身と周りの世界のすべてを見る眼が――すべてを測る私の内なる物差しが――変化してきているのははっきりわかった。「ここからは、ゲーテさえも、全く違って読めてくる」（傍点原著）とカール・バルトが言ったという（『自由の現在』66-7）あの原点、そこに立つべき原視点が、私のなかにも、「滝沢」の導きで、まだおぼろげな形ではあったが生まれていた。無論、滝沢先生が「細部にわたって、その面白さを再現しようとすれば、私たちはただ、ほとんど神業にひとしいこの作品を親しく読むほかはない」（『ドストエフスキーと現代』55）と言った『地下生活者』の項で、リーザの自分への愛を一瞬みとめながら受けとめることを躊躇してたちまち「地下室」に戻ってしまう「地下生活者」について、「そこから、その愛の輝きの光源――「地下室」から決定的にかれを引き出す威力、いなすでにその只中に来てこれを新しい生と闘いの場となしている聖なる愛――への眼覚めまでは、ほんのもう一歩であった。しかしまた、その一歩は無限の隔たりだった」（同51-2）と言ったように、私が得たように感じた原視点も、実際には、真の原視点からはまだ程遠いものだった。そこに到達するにはまだ無限の隔たりのある一歩を踏み渡らなければならなかったに違いない。しかしそれでも、その座標は、まだ不完全ではあっても、文学研究者としての私の作品の読みに変化をもたらした。

研究者としての私は、ジェームズ・ボールドウィン、アリス・ウォーカー、エドウィージ・ダンティカと、深く共感できる素晴らしい作家たちに巡り合い、いくつかの論文を書いてきた。そして各論文は、その時点における私の「滝沢」理解を、それぞれ異なる程度において、反映してきた。だがその反映の度合いと精度は大きくはない。私自身が自己とすべての人間存在と世界を捉えるうえでコペルニクス的転回と呼べるほどの影響を受けたと自覚しているにもかかわらずそうであるのは、私の「滝沢」理解が、私のうちなる燃えるような熱い思いと全力を傾注した努力にもかかわらず、十分正確なものにまで深まっていないからだ。最重要の真理を教えられている、学んでいる、解ってきた、という確かな感覚があるにもかかわらず、それを正確に語る自分自身の言葉をまだ獲得できていないからだ。正直、滝沢先生の哲学・神学・経済学・物理学・医学・文学・その他に及ぶ膨大で難解な思索を正確に読み解くことは、私にはまだ難しい。しかし今、滝沢克己先生生誕一一〇年記念論集が編まれるこの機会に、遅々たる歩みではあっても大きな喜びをもって学んできたことをまとめてみたい。

二　滝沢哲学　私の学んだこと

滝沢思想の根幹は、人間とはそもそもどのような存在であるのか、その起源と成り立ちと構造の正確な指摘である。そこから先生は、したがって人は本来、何を支えとし、どのように生きるべきかを解き明かし、にも拘らず現実にはどのように思い誤り、実際に支えとなり得ないものを「支え」とし、自他をともに不幸にしながらそれに気づきもせずに日常生きていることの多いかを思い知らせてくれる。

十二歳の時にふと自身に起こった「自分はどこから来てどこへ行こうとしているのか」という疑問への答の手掛りを、滝沢先生は、西田哲学との遭遇と格闘によって掴み、その西田の勧めによって師事したカール・バルトの聖書講義において学んだ「インマヌエル」＝「神われらと共にいます」の事実（関係・真理・ロゴス）こそが、かの問いへの答だと確信した。滝沢先生が最初に受講したバルトの講義は処女受胎に関するものだった。それまで聖書を読んだことのなかった滝沢先生のなかに、不思議にも、バルトが福音書の記者たちの言葉に聞きわけた「神の言」、「イエス・キリストの福音」は、まっすぐに入ってきた。バルトの語る聖書のその物語は、滝沢先生が生涯求めてきた、自分という存在はどこからどのように生まれてきて、今はどこにいて、どこへ行こうとしているのかを、すなわち私たち人間が生ある限り拠って立つべき絶対に確実な人生の基盤——「私たち各自の脚下に厳として実在する基点＝全人類に共通な生命の基盤」（『わが思索と闘争』一一四）——を、はっきりと告げ知らせていた。「主の使いが夢に現れて言った、『ダビデの子ヨセフよ、心配しないでマリアを妻として迎えるがよい。その胎内に宿っているものは聖霊によるのである。彼女は男の子を産むであろう。その名をイエスと名づけなさい。彼は、おのれの民をそのもろもろの罪から救う者となるからである』。」（マタイ一章二〇—二一節）「『見よ、おとめがみごもって男の子を産むであろう。その名はインマヌエルと呼ばれるであろう』。これは、『神われらと共にいます』という意味である。」（マタイ一章二三節）私たちが今いるここは実にこのままで「神の国」なのであり（「地は神の足台である」（マタイ五章三五節））、私たち一人ひとりの人間は、神によって命を与えられ、この神の国に、神の道に沿って生きることを許されているし、生きなくてはならない（「あなたがたの言葉は、ただ、しかり、しかり、否、否、であるべきだ。それ以上に出ることは、悪から来るのである。」（マタイ五章三七節））滝沢先生は、バルトの聖書講義において出合い確認した、人間主体成立の根柢に宿るロゴス（人間的活動の根源的制約）を、思索をさらに深めるなかでその後発見したバルトの思惟になお不足している視点を補い、神（真実無限の創造的主体）と人との間の絶対に「不可分・不可同・不可逆」的な関係、と言い表し、その実際を、七十数冊に及ぶ著作のなかで、さまざまな切り口と視点から懇切丁寧に解き明かされた。

人は、生物学的には父の精子と母の卵子が結びついて生命を持った人間となり、母の胎内で育まれ、月満ちてこの世に誕生するのであるが——そして普通、一般の人の認識はそこに留まるのであるが——実在的・根源的には、すべてのものの造物主（the Creator）である神によって造られたもの（creature）として命を吹き込まれ、その父なる神と、絶対に切れている混同すべからざる区別において（不可同）、絶対に離し難く結びついており（不可分）、しかもその先後の順序はその本質上実体的かつ作用的に絶対に逆に出来ない（不可逆）ものとして存在する。そのようにして人は、生まれるや否や、神の絶対無条件の自由を映す完全な自由（主体性）を与えられ（ということはつまり、神の命令に自己の責任において従う責務を負い）、隅から隅まで神の無償の愛に満たされた舞台で、それぞれの人生をその終りの時まで自由に演じる。

ここで指摘し確認しておくべきことは、インマヌエルの原事実は、聖書に紛れもなく正確に言い表され、イエス・キリストにおいて完璧に具現されているものであり、しかるものとして滝沢先生がくり返し言及されるものであるが、決して宗教としての「キリスト教」とそのイコンである「キリスト」の話ではない、ということである。それは、「私という人間はぎりぎりのところ何ものなのか」というすべての人の切実な問いへの唯一の答として示される、真にそれ自体で文字通り無条件に実在する、実存の人に共通の限界であり、真実確かな成立基盤である。「『インマヌエル』ということは、……『インマヌエル』を信じる『われらキリスト者』にとっては、そのほかの非キリスト者・反キリスト者にとってよりも、ほんの少しでも近いということさえ全然不可能な、原本的事実である」（『自由の原点・インマヌエル』一八）、「聖書はただ……『インマヌエル』の事実そのもの・生ける真理みずからの告げ知らせるままに、単純素朴に告げ知らせる、——それがまた、聖書の波動を受けつつ、しかもそれからはまったく独立に、かれ自身において溢れ出るカール・バルトの『説教』であり、『神学』なのである」（同一九）と滝沢先生の言われるとおりである。

ナザレのイエスは、……ひとがもしその出処を問うなら、それは言葉も思惟も行動も一切の人の働き、人間的諸関係のただ単純に断たれている処――人そのものの成立の根底を成す神人の原関係、この原関係の主なる神自身――から、かれに背いて闇の中に迷い出たすべての人の救いのために送られた『啓示の光』（ルカ二章三二節）というほか、どう言いようもないのである。（『聖書のイエスと現代の人間』一七七）

「そうだとすれば、福音の記者たちが、史実のイエスの真実相を説き明かして、『聖霊によりて孕まれ、処女マリアより生まれ』と言い、『底なしの闇の引力、罪の牢獄からすべての人を解き放つため、贖うために、罪なくして十字架上に血を流した』と言い、『三日目に（その死がすでに絶対に取戻しがたく定まった後に）よみがえった』と言い、はては『天に昇って太初の日のごとく神とともに在り、終末の日にはかならず来るべき人の子こそがかれだ』（傍点原著）と言ったとして、事柄の本質上何の不思議があろう。福音の記者たちは、かれらがかつて眼の前に見ていたイエスを、その真実の出処・帰趨を視座として把え返した。と同時にかれらは実際に『太初の言（それ自身神である神の子）が肉と成った（聖霊によって孕まれた）』云々と言い表すほかない独一無比の関係（形と動き）を見た。のみならず、『全人格の隠れたる核』においてそれ自身『神の子キリスト』であったものとして、イエスは今、かれら各自のもとに生きていることを、はっきりと自覚した。こうしてかれらにとっては、このキリストをひろく世界に宣べ伝えるということこそが、ナザレのイエスの言動・生死について宣べ伝えるということだったし、またその逆でもあった。ナザレのイエスにかかわる四福音書の物語は、けだしただこのようにして創り出されたのだ。まことにそれは、ただそれのみが真に実在する神の空間において事実存在する『神の子キリスト・イエス』自身によってかれらに恵まれた驚嘆すべきファンタジーの所産であった。」（同一七七―八）

そしてその「驚嘆すべきファンタジー」は現在、私たちによって、「科学的」検証に堪えない単なるファンタジーとして――美しく貴重な示唆に富むお話ではあるが、畢竟、現代の世界に生きる私には何の関わりもない単なる物語として――読まれてはいないないだろうか。(3)

私たち人間は、確かな生の土台がなければ、何か自分を支えてくれる支えを持っていなければ、ひと時も安心して生きることはできないから、必死でどこかに自分の支えを捜し求める。財産、権力、地位、肩書、学歴、学識、名声、美貌などから、高潔な精神や正義感や清らかな心のようなものまで、ありとあらゆる物心両面の持ち物を手にして、それを支えにそれに依って安心して生きようとする。しかし、人が自分で自分の生そのものの基礎・土台を置くことはできない。人が自ら置いた土台は、たとえどんなに確かなものであっても、それを置いた人の自己そのものを本当に支えることはできないからだ。滝沢先生が言葉を尽くして指し示しておられる「神人一体《Immanuel》（神われらと共に在す）の事実（関係・真理・ロゴス）」のみが、「文字どおり絶対に確実な・全人類の生の・共通基盤」なのである。（『ドストエフスキーと現代』一二四）人間の生は、その歴史も社会も、この唯一の神人の根源的関係（神の子キリスト）の支配――絶対無償のその愛の審き――の下に不断に新しく生起するものとして初めて人間の生である。そして神によって造られ、神と共にある者として、人間がどう生きるべきか――どのように考え、どう振る舞うべきか――は、根源的・本質的にも歴史的・情況的にも、人の欲求や判断や決意に先立って、そのつどすでに決定されている。

人はその神の決定に基づいてのみ、実際に生きることを許されるし、生きなくてはならない。そしてそのようにひたすらに努めるかぎり、人生に行き詰るようなことは決してない。そうであるのに――その経緯は聖書にすべて詳らかに記されているのに――私たち人間は、まるで「親の心子知らず」を地で行くように、神の光から目をそむけて暗闇のなかで、不安に追い立てられながら、自分の思いを先立て、自らの生の支えを求めて止まない。

くり返しになるが、「一般に実存の人にとって、決定的に重大なことは、かれ自身の生と闘いに、『絶対不変の基礎』が、真にそれ自体で実在する確かな支え（自己の支柱とすべき根本的な理由）が在るかどうか、在るとしてかれが日常それを支えとして立っているかどうかにある」（『ドストエフスキーと現代』二三―四）。「人間が他の動物とちがって、意識する存在だということは……自己自身の生の究極的な根拠あるいは目的をどこに置くかを問われている存在、そのつどこの問いに対してある特定の答えを提出している――というよりもむしろみずから特定の形の答えと成っている――存在だということである。……そうしてその働きは、それがまったく反省以前の直接行動であっても、すでに動物とちがってその選択の正邪・精粗を問われかつ審かれることを免れない『目的意識的活動』の一種である」（同二六―七）。

今現実の人間世界を見ると、私たち人類はまさに行き詰まりに瀕しているようである。しかし、しかし、である。ドストエフスキーの「地下生活者」の陥った窮状を読み解いて滝沢先生は言われる。「『地下生活者』は……もがけばもがくほど溝泥の深みへ落ち込んでゆく。果てしなく繰り返す現実のこの動きを、かれは……何びともまぬかれぬ『運命』、……『自然の法則』のごときものだと観念する。……しかし、……この『自然の法則』はそのじつ、かれ自身がそれとも知らず、『自己自身』というときすでにそこに含まれている根底的な関係——自己（人）ではない真実無限の創造的主体とのあいだの、絶対に不可分・不可同・不可逆的な、聖なる愛の関係——を無視して、自己であろうとし、他にかかわろうとしたその必然の結果であった。いわば『無意識的』な第一歩の誤りに対する、生ける真理からの免るべからざる審きであり、慈しみに満ちた警告だったのだ。……自己成立の根底に秘められた生命の約束、すべての他との根源的な連帯関係を無視して、自己自身の独立自由を求めてやまない、その必然の結果として他に隷属せしめられると同時に、どこまでも他を隷属せしめようと狂奔せざるをえない、——こういう不幸な『運命』において、『資本主義社会』は、この男がそこに閉じ込められている『地下の世界』と、何の異なるところもない」（『ドストエフスキーと現代』七六—七、傍点原著）。また、「変革の『原動力』は、……けっして人間のみずから取り、あるいは他から取らせられる、特殊な状態それじたいにあるのではない。なぜなら、そのような『状態』は、……ひっきょうただ、人間的主体成立の根底に宿るロゴス（人間的活動の根源的制約）に対する人間的応答の一つの基本的形態、あるいはこれを構成する一契機として、生起するものにすぎない。したがって人間の生活・社会が現実に倒錯形態を成しているばあいの『変革の必然性』＝その確実な可能根拠は、他のどこでもなく、その現実形態にいわば逆限定的に貫徹してきている根源的ロゴスそれ自身の審き・声なき警め・言葉なき呼びかけにある。『プロレタリア階級』に属する者も、この呼びかけによってその耳、その心を開かれぬかぎり、資本主義社会の基本的建前である「私的所有・私有財産」への引きつった欲望から解き放たれて、社会主義社会を志向することはできない」（同七八―九、傍点原著）。

　人間的主体（＝客体的主体）成立の根柢に宿るインマヌエルのロゴスは、自由な主体として定められてそのお蔭で手にした完全な自由をもって「主体的に」（＝真の根元を忘却して根無し草的に）生きようとする人間の生活・社会のなかに逆限定的にその支配力を貫徹する。私たちが現に体験している（自ら引き起こしている）人間関係や社会の歪みや軋み、不平等や亀裂や対立、ひと言で言って不健全さと生き難さは、私たちが自ら取っている現実の形への神の審きであり、同時に、こんな生き方をしていてはダメだと私たちに痛感させるために神が下した愛のムチだとも言えるのだ。そのインマヌエルの神の愛の戒めの言葉を、私たちが聴き分け、悔い改めて、それだけが真実確かな存在の事実のロゴスに堅く立つことを努めるか否か、それこそが、私たち人間の幸不幸を分ける。しかしながら、その単純なことが、いかに困難であることかは、「狭い門から入れ。滅びに至る門は大きく、その道は広い。そして、そこからはいって行く者が多い。いのちに至る門は狭く、その道は細い。そして、それを見いだす者が少ない」（マタイ七章一三節）と聖書に言うとおりである。

　しかしながら、絶望する必要はない。「いのちに至る門」を見いだしている人は、少なくはない。滝沢先生がその著書で言及しておられるドストエフスキー、夏目漱石、宮沢賢治等々に限らず、たとえ聖書など読んだことはなく「インマヌエル」という言葉を知らずとも、たとえキリスト教の教えにも仏教の教えにも触れたことがなくとも、同じ思想に行き着き、同じ処を見つめて生きた先達や生きている同時代人が数多くいて、常に私たちに語りかけていてくれる。

「厳密な意味で思想というのは、少し古い言葉で『人生観』・『世界観』、このごろの言葉で『価値観』と呼ばれるものといってよい……それは、全人生の窮極の基礎と目的にかかわるものの見方・感じ方・考え方のことにほかならない。さらに砕いていうと、それぞれの人の生き方の基調、いわば人そのものの立てる響き――むかし北条民雄が『癩者はただ人間の響きだけを聞く』といったその『響き』――のことである」（『人間の「原点」とは何か』一七八）。そして、「思想上或る一人の人の成す特定の形は、それとしてかならず一つの特定の波動を生じる。他の人はこれに呼応共鳴するか反撥抵抗するか、かれ自身としてまた何か特定の形を成す」（同一七九）のである。私自身がボールドウィン、ウォーカー、ダンティカの世界に惹かれ、深く共感したのは、彼らの立てる響きに私の魂が共鳴したために他ならない。

私たちが知らなくとも須臾も私たちの元を離れない主なる神は、常に私たちに「あなたはどこにいるのか」と呼びかけておられる（創世記三章九節）。意識的であれ無意識のうちにであれ私が出しているその問いへの答が、私の生命の芯を成す基本感覚、私の視座（frame of reference）の在り方、すなわち価値観である。平たく言うと、それは、自分自身と他のすべての物や人にかかわる私自身のかかわり方の基調、自分自身を含め世界のすべての出来事の価値が私にとって測られてくる価値基準、つまりすべてを読み解く私の読解の座標である。そしてひとりの人の価値観の波動は、その「響き」を乗せて必ず他の人びとへと伝わっていく。そう、始まりはいつもひとりの人なのだ。大事なのは小さなひとりの人なのだ。願わくば、「インマヌエル」の響きを乗せた波動がひとりからひとりへとどこまでも伝わっていき、「フェイク」と「似而非《えせ》」が横行する今の世の闇がいかに濃くとも、虚無に振り回されることなく、私たち一人ひとりが、与えられたそれぞれの状況のなかで、淡々としかし全力を尽くして、自分自身と周りの人びとのために、なすべきことを成していきたい。そして、ドストエフスキーが「ゾシマ長老の年若き兄」に言わせた、「お母さん、泣くのはおやめなさい。人生は楽園です。僕たちはみんな楽園にいるのです。ただ僕たちがそれを知ろうとしないだけなんです。もしそれを知る気にさえなったら、明日にもこの地上に楽園が出現するのです」（『ドストエフスキーと現代』一七五　傍点原著）の言葉をかみしめたい。

三　おわりに

最後に、『ドストエフスキーと現代』の末尾に掲載されている、滝沢先生が全共闘運動に対する大学の対応に抗議する形で九州大学を辞職される前年の一九七〇年に開催された自主ゼミの案内文を、私自身と読者の皆さまへの呼びかけとして、転写紹介させていただく。

・自主ゼミのすすめ　『何を支えとして生き、かつ闘うか』

表記の問いは、一見すると余りに抽象的・一般的で、差し迫る「情況」とは何の関わりもないように見える。しかし、眼を据えて見るがよい。この一つの問いに対するわれわれ各自、人それぞれの応答こそ、まさに「情況」の深部を構成するもの、世界の隅々にまで広く浸透している情況中の状況ではないか。その応答の最もラディカルな形として、われわれはまずドストエフスキーと対決する。諸君が、もし中途にして逃亡することさえなければ、諸君はやがてかならずや、暗く重たい現情況の只中に、血路を開く可能根拠が、その一切の資格を問わず、各自の脚下に厳存することを見出すであろう。

時……毎週木曜日夜七〜九時
所……九大法文系二〇九号演習室
テキスト……《カラマーゾフの兄弟》
参加資格……老若男女・身分・職業・党派その他一切の資格を問わない。
一九七〇年一〇月二六日

注

（1）シャーデンフロイデ：他者の不幸、悲しみ、苦しみ、失敗を見聞きした時に生じる、喜び、嬉しさといった快い感情。ドイツ語で「他人の不幸（失敗）を喜ぶ気持ち」を意味する。
（2）『思想』掲載の「一般概念と個物」に結実し、西田から「私はこれまでこれ位よく私の考をつかんでくれた人がないので大いなる喜を感じました　はじめて一知己を得た様におもひました」との書簡を受け取った（前田保『滝沢克己　哲学者の生涯』三五頁）。
（3）実際、一般の人々のみでなく「高名な」聖書学者らまでもが同じ轍を踏んでいることを、先生は指摘される。

16　今あらためて考えること

植村光一

一　相対界の大前提（大縁）

人間が存在しているのは、在るとし在る物が精緻・広大・深く関わり合っているこの相対界においてである。その在るとし在る物はすべて有限な個物として在る。いずれも内的にも外的にも「一つに繋がっている別々の物」というものはない。現実に在る物の間は何にも媒介する物なしに切れている。媒介していると見える物――例えば空気・塵・微粒子、といった物（物体）――もまた相互に切れて存在し合っている一つ一つの物である。例えば服の着脱を考えても、服と私は切れている、結局は何にも繋ぐものは無い、それですっぽりと服で身を包むことができる。このようにまったく切れて存在し合っている孤独な個物達は、自分で自分を造ってそこに居るというものでも、また、この相対の他の物からこのように造られてここに居るというものでもない。同一時間に同一位置を占めるということもできない。しかし、四方八方前後左右まったく切れている物どうしがすべて、その在る通りにそれぞれの時と場所にその本性を与えられて厳然として在り、関わらされ、働かしめられている。

では、この相対界の物は、究極的にはいったいどういう所に在ると言えるであろうか？　それぞれが出会っている場所は、相対に在り合っているものの一つないし複合物であって、他の物をその内に含んでいるというものではない。母親の胎も細胞も同じである。電子・原子の素粒子から宇宙の彼方の巨大な星に至るまで、すべての物がそこに在る窮極の場所は、この相対のすべての物が等しくその内に限定されているが、その場所それ自身もまたこの相対の中に一物として並び立っているというものではありえない。

それはまさにこの「何にも限定されることなく、すべてをその内に限定している、何も無い場所（絶対空間）」であると言わざるを得ない。そこに置かれている個物たちはいずれも、自他いずれからも出ないものであるから、この相対界に物が在るということは、その無限の無者自身が自分自身の内にすべての物を置いている、そのものの内に在れとして一方的に在らしめられて在るということであると言わざるを得ない。その成立にも存在にも、相対側から意志したり要求したり条件を加えたり、あるいは交渉したりできるものは何もない。この相対の物はすべて、この何も無い世界に一方的に決定されてそこに置かれプッシュされ、次々とすべてのものと働き合い・関わり合って一定方向に否応なく進み行かざるを得ない。逆にはできない。そうであるところに確かさが在る。この相対界が、まったくの混沌・カオスの世界で、突然現わされもすれば、消されもし、無かったことにされもする、全く有りもしなかったようなものに突然変ずるというような理不尽な世界ではない、確かな岩盤に乗っている世界である根拠があると言える。相対物がどうにでもすることができるものであるならば、確かなものは何にもない。進もうと退こうと歯ごたえは何もない。存在する必要もないし、「ねばならない」ということもない。努力のしようもない。虚しい世界である。

ただ受けてその仕向けられるままに働き合って行くように決定づけられているところにこの相対界の確かさが在る。すべての物が、それぞれの位置に揺るぎなく存在させられ厳しい働き合いの一役を担わされている。その何も無いがすべてを包んで居る無限界は、この相対の中に相対の物としてその姿を現すということはもちろんない。それは私の立っているところ・物の存在しているところに、厳然として在るもの――それ無しには物が存在しないもの――であるが、こちら側からは見ることも聞くことも掴み取ることも縋りつくこともできない。しかし、相対界に在るものはすべて先ず第一にそれとの深く広い密接な縁（大縁）において在る。この相対にある物はすべてそのものと直接結びついている。ここ（物体の存在点）には厳然たる不可分・不可同・不可逆の永遠普遍にある結合関係（根源事実）が在る。相対の物は、そこに行けばそこで、ここに来ればここで、動いている間も常に、そのものとのつながり（縁・結合関係）に於いて在る。物がそこに等しく揺るぎなく立ち合っているところに相対の法則的動力学も成り立っている。それゆえに、その場その場の置かれた位置・相対関係が、大事なところになっている。その無限空間の更にその外などというものはないし、その内という特別なところ、別格に神聖なる場所とか特別な人とか、そのように決定づけられていたり造り付けられていたりするものも何もない。相対のすべてを平等に置きプッシュし・プルしている恵みの場が在ると言わざるを得ない。

物も人も、この根源の縁（繋がり・大縁）はけっして切れない。この結びつき無しには、無限のみで有限物は何も無いか、あるいは、有限のみで無限が無いかである。有限のみということは、無いというところが無い・切れ合って相対するということは無い、即ち、無限の連続物であるということになる。いずれであっても無限のみ（絶対無）に帰し、すべてが無いことになる。即ち、この相対界は起こらない。天地創造を見たことはないが、敢えて言わざるを得ない、この天地相対界なしにはその絶対界もない、と。絶対空間、無限のみでは何も無いことと同じである。ビッグバンの前の前、素粒子（あるいは宇宙のごみ＝原始物質）の集合体も、モノポールも、見えない存在ダークマターやダークエネルギーも気体プラズマも存在してはいない。天地創造は起こらない。無限の絶対空間が存在するということと、物が存在するということと、この相対界が広大緻密に関わり合って動力学的に働き合っているということは、まったく同時に存在することと捉えざるを得ない。「初めに神が天地を創造した」という。「初めに神が」、ここがすべての始まりである。そこには一切のものが手も脚も言葉も出せない。まったく何も無いものが、そのまったく何も無いものの内に、そのものの原始創造によってすべての物を同時に造り置き関わらせたと言わざるを得ない。そのゼロ点（界）のスタートの轟音が轟かないと永遠に何も現象しない。轟くと同時に全て＝相対存在とその働きが現れて一斉に二度と帰らぬそれぞれの方向に必然的に現象して行く。この大縁の出来事に於いて、それぞれの物は本性を与えられ、役割分担され、関係づけられ、周囲の全宇宙的素材・環境の中で、その時々の相対の極みとして、その絶対主体の表現を（決定を）こちらに表出（映出）している。親疎、遠近、先後、上下、風土、気候……といったすべての相対の間の様々な密接な繋がり＝諸縁が自然必然に起こり、決定されたように現象している。一つも漏らさず関わり合って移り行き、今に至り、更に無限に進む。無限にその先へ移ろって行く。単なる神話で済まされない、事実の構造として認めざるを得ない「仮想」である。

考古学上の計算では百三十八億年前に天地宇宙が誕生したと推定されるという。地球の誕生が四十六億年前、四十三（又は三十八）億年前に生命が誕生し、有機物・植物・動物と発生して来て、ホモサピエンスが誕生したのは二十万年位前。この頃アダムとイブが誕生したのであろうか？　いずれの誕生も働きも衰退も、考古学上の推定で在り、絶対に確かとは言えない。しかし、一つだけ「衝動・欲求を自覚し、思考し、想像し、意志し、創造して行く、即ち随意的意志（自由・自己決定力）」という本性を持った動物が誕生したことは確かであり、全宇宙史・全地球史の中に、新しい、相対の中で特殊創造的形成的生産的な「社会と歴史」が作り出されて来るように成ったことは確かである。

その天地創造の主体を、自らを指して「我あり」と言うもの＝自らの内に自ら在るもの＝それなしには、またその外には、何ものも存在しえない存在そのもの＝絶対無の場所＝無量寿・無量光なるもの等々、いろいろ表現されようが、やはりゼロである創造主がこの天地（相対界＝有限物）をそのゼロの内に創造したと言わざるを得ない。創造すると同時にその絶対主体そのものもまた、すべてそれらの存在を傍らに置き見守り、虚・実を裁く揺るぎない力＝事実の威力として共に在ると言わざるを得ない。相対のすべての物と無限空間は間に何も媒介物を入れることなく直接に、矛盾しているままに一つである。この根源事実があることが相対界の全ての物の関係・確かさ・厳しさそして幸いの基であり支えである。その絶対無償の恵み・美・真実・幸い・確かさ・生死そして禍もまた、すべて受けて、そのプッシュに乗って、過剰に思い患うことなく、前に向かって、すべての人と協働し助け合って進んで行くことが人の務めということになる。天変地異もあり、人間だけを避けさせてくれるわけではないが、ただ、人間には《知覚し・認識し、記憶し、更に「思考し、想像し、意志し、創造して行く」》という特別の能力（本性）が与えられている。人間が「知って働く」「自己に関係する」「自己自身と対話する」「自己の本性がまたその対象である」（内なる類性のある）ものとして作られているというところに、人間が無限であり、全ての社会現象、歴史現象の起こり来る根基がある。科学や知識や芸術や技術といったものの任務は、この相対の諸縁をどこまでも細かく詳しく、壮大・緻密に把握して行くことにあるであろう。それも、無限にできて行くのであろう。

　初めの天地創造の威力は、その初めの時にあるばかりではない。日夜、毎時毎時、至るところ働いている。まったく異なるものや混沌・混雑しているものが、みんなその上に置かれ、その中に関わらされプッシュされ・プルされている。その根底に来ている創造の威力は相対界の物の道理として漏れなく働いていている。それによって、日夜整序・統合・育成されつつ移って行く。睡眠と覚醒が在るのも、人内部におけるこの現象であろう。朝（あした）の来ない夜は無い。滝沢克己が「国家の統一・整序・育成の真の力」であると言われる「自然そのものの事理・人間本来の故郷のことば」も、この岩盤からのプッシュ・プルを指している。その見分け・聞き分けが、人の日常の個別・普遍の心底の課題である。この相対界の物の存在の根底構造は、その縦軸（絶対主体と相対物とそのプッシュの力）と横軸（相対物どうしの働き合い）の交差した構造として在る。人はいつでもその足下の交差点に立ち帰り、日々立ち上がって行くことができる。その感知に人格の様相が在り、微妙な人間の響き合いがあり、人間関係・自然関係の豊かさがある。日々是修行であり祈りである。

滝沢克己が、三十五年前亡くなるまで追求して来られたことは、人がこの相対世界で《充分に充実して、「楽しむべきことは楽しみ、苦しむべきことは苦しんで」（宮沢賢治）生きること》であった。その道を明らかにするために最後まで本を書き・講義を続けられた。人間がその特別に恵まれた本性をフルに発揮して遂行して行くべき、この相対界での必然的（天然自然の）必要的働き＝基本的制約にはどんなことが在るであろうか？ 滝沢の晩年に纏められたことを参考にして、制限字数までの残りが少なくなった今ほんの一部の箇条書きになってしまうが、その行くべき諸縁の道を概観したい。

二　人間存在を根源的に規定する基本的制約（被決定面）

(1) **人生命体＝他の諸生物と等しく生死する——詳しくは、動植物のように新陳代謝を必要とし、同様に飲食・生殖する生命体である——かぎりの身体（的活動）の場面**。動植物と同じ様に、外からエネルギーと資材を取り入れ分解・吸収（内化）し、燃焼させ、活動し、残渣は外に輩出（外化）して行く側面である。飲食と生殖をしない「命」は存在しない。存在してもその命だけで終わり、永遠に二度と命は無い。生命体は動植物も人（ひと）生命体も、ただただ驚き恐れ入る精巧緻密な機能を持っている。頭脳ばかりでなく、それぞれの臓器や細胞や骨格・筋肉などが、伝達物質を発受し合い直接情報を伝え合っているという。医学その他の科学の進歩は目を見張らせられる。生老病死、人間にとってきちんと取り組んでおくべき課題である。

(2) パン（食衣住）**＝その存続に必要な諸物**（消費資料と生産手段）**を自己自身の手によって作り出す、と同時にこのことをとおして、自己自身の仲間たち、他の諸人に関係する、いいかえると、そのつど特定の経済的社会を形成する、――つまり、狭義において「物質的」な生産活動＝技術的・経済的な生活の場面である。**人は外界の自然物の本性を知ってそれに働きかけ（労働し）、他者と協働して生産し、分配し、食衣住を確保して行く。みんなの生活が成り立たなければいけない。「一個人の労働は、他の諸個人のそれとの相補的関係において、したがってまた社会全体との弁証法的（不可分・不可同・不可逆的）な関係においてのみ、本来自然な形で現実に遂行されうるという根源的制約（経済原則）」（『バルトとマルクス』）がある。その元には、「人間という一個の物が、自ら認識し思考し選び創造するように（自由であるように）作られている」という人間存在そのものの本質（普遍の被決定性）が在る。

(3) 根底原理の認識（信仰・哲学）**＝全人生の窮極の基礎・目的・動力**（真実の主なる神）**に直接に関わることをとおして他の諸物・諸人に関わる活動、すなわち、狭義において「精神的――宗教的・道徳的、ないし芸術的――」な生活の場面。**人生命体とその働き・この相対界をどう受け止めているか、即ち、こちら側の何の功績も無しに向こうから与えられて来ているその恵みと、日々新たに生かすそのプッシュの力を自覚して前を向いて生きているか、相対の何かを絶対としてそれに寄り縋らんとしてはいないか、そういうことが問われている。「人間は、他のあらゆる生物と異なって、自己そのものの成立の根底を明らかに自覚して生きるべく定められている。」「私たち人間が各自、まったくコンティンゲントな一個の物でありながら、真実自由自在な唯一の主を、同じ物の世界に、どこまでも明らかに、広くかつ深く映し出すべく、いかにしてもこれを振り捨てることのできない自由をめぐまれて来ている、この一点にだけ人間の尊厳、全ての人の自由平等ということが、ほんとうに――たんなる自惚れや気休め、観念や理想ではない、ただ謹んでこれを受け、感謝してこれを認めるほかない事実として――語られうる。」（「バルトとマルクス」）

人間が、そういうことは当たり前の事、あって当然、全て俺の自由、俺の人権だ。その主など他に在るはずはない、と思って過ごしていると、その歪みは自他の中に現象して来る。宮沢賢治はこの虚実の裁きの様を見事にその弟子への手紙に書き表している。「わずかばかりの才能とか、器量とか、身分とか、財産とかいうものが何かじぶんのからだについたものでもあるかと思い、じぶんの仕事を卑しみ、同輩をあざけり、いまにどこからかじぶんを所謂社会の高みへ引き上げに来るものがあるように思い、空想をのみ生活して却って完全な現在の生活を味わうこともせず、幾年かが空しく過ぎて漸くじぶんの築いていた蜃気楼の消えるのを見ては、ただもう人を怒り、世間を憤り従って師友を失い憂悶病を得るといったような順序です。」（宮沢賢治の教え子への手紙、滝沢克己『現代教育の盲点』より）

（4）男女、夫婦、家族・地域共同体…人はいわば時間軸として、命を育み、造りだすという働き

がその本性の中に組み込まれている。そのために空間面として男女別々でありながら一つであるものとして、求め合い、補い合い、共同して作り出して行くという自然必然の本性がある。当然共に生き合う、最も自然的人間的直接的感性的な類関係である。生き甲斐がここにもある。「結婚という関係はもともと、人が人として成り立つその基点に含まれている神と人との根本的関係から直接に派生してくる事実である」(『自己・結婚および親子』二九頁)——男女・夫婦・家族の側面

それは必然的に「家族共同体」⇩故郷⇩地域共同体⇩「氏族共同体」⇩「部族共同体」⇩「国家共同体」と拡大統合されて行き、他の国家共同体との関係に立ち、更に「世界国家共同体」へと至るべくある。

(5) 国家共同体

①国家の必然性…経済的・政治的社会　「…しかしてまた経済的社会は単なる経済的社会ではありえない。それはもと働きと働きとの相関係する場所として、力と力とが相合し相争う場所でなければならぬ。そしてその力はまた経済的社会に於ける働きとして、已に単なる物理的作用ではありえない。それは我々が通常政治的権力と考えるものでなければならぬ。単なる経済的社会というものはない、経済的社会は必然に政治的社会でなければならぬ。政治的社会に於ける働くものと働かれるものとの関係は支配と服従との関係としてあらわれるが故に、かかる力の関係を限定する法則は単なる物理的法則ではありえない。それは物理的法則を内に含みつつ、しかも支配者の被支配者に対する強制的権力を荷う法則でなければならぬ。我々の法律と名づくるものは、少くもそれを基礎づける重要なる一面として

かかる法則の意義をもたなければならぬ。」（『例・個物および個性』）**②国家の根源的本質＝中心・周辺の関係**「家族的血縁のなかにはもはや収まりきれない人間の大群衆が集合してその生活を営むとき、個即普遍即特殊（特殊A即特殊B……）という人間労働・労働主体の根源的制約（存在論的原法則）は、かれらが営む生活・織り成す社会の組織のなかに、一方、それ自身普遍でありながら個の前面に出る周辺的位置と、他方、それ自身個であるにもかかわらず普遍を代表する中心的位置と、相互に弁証法的（不可分・不可同・不可逆的）に関係する両極の生成・確立することを要求する。この要求は…一切の人間的活動に先立って人間に来ている要求である」（『バルトとマルクス』六五頁）。**③国を真に統一するもの**ⓐ「…この自然界に、ほんとうにすこやかな一つの国家が生まれ出るか否か、生まれ出て清らかに美しく育つかどうかは、先ず第一に、その生まれ出る国家の母胎である諸家族、生まれ出た国家の各成員、なかにも指導的な地位にある人々が、各自その日常の生の根底に秘められている自然そのものの事理——すべての人に共通な、人間本来の故郷のことば——を正しく聴きわけているかどうか、この点の基本的な感覚・理解がどこまで明らかであるか、によって決まってくる」（『日本人の精神構造』一二二頁）。ⓑ「この世界に、ある時ある処に、成り立ってきたある特定の国家（ましてその中枢の位置に位するだれか特定の人）を中心として、全世界が統一されなくてはならないということではありえない。真に全人類・全人生を統一・整序・育成するものは、人間的主体成立の唯一・共通の基礎もしくは根源そのもの＝人間的自由がただその似姿・映しとして、それによりそれに於いて始めて成り立つところの、かの隠れたる主体のほか、この世界の内部のいかなる国、如何なる人にも在り得ない」(同上)。国家といえども人間が造ったもので、絶対ということは何も無い。④**唯一の中心の座の必然とそれに即く者の務め**「……物質的生産力と交通の発達するにつれて、きわめて自然に、もろもろの家族を超える一つの中心――歴史的現実的なこととして厳密にいうと、その中心の座に即く一つの家族、一人の人ないしは若干の人々――が現れてくるであろう。そうしてそのいずれのばあいにも、その中心の唯一の座に即く者は、みずから独り高しとして他を侮蔑・抑圧することなく、むしろ他のすべての人と同じくただの人としてこの天地に生を受けた幸いを歓び、その尊き位のかれに負わせるつとめの重さを深く心にとどめて、ただひたすらにその国民を始め他のすべての国びとの幸いのために献身するであろう。さらに、その「幸い」への祈願と努力は、まず物質的生産の技術を進め、経済の組織に狂いなからしめるにあることはいうまでもないが、しかしそれと同時に、またそれにもまさって、生そのものの真実の支えを支えとして立つよう、人間本来の故郷を忘れることなくすべての人を同胞として大切にするよう細心の注意とあらゆる手段を凝らしてその民を導くにある」(『バルトとマルクス』六五頁)。

⑹**世界国家共同体…今回省略**

あとがき

滝沢哲学が類まれに貴重なものである点は、宗派宗教を超えた普遍的地平を明らかにしたこと、経済原則とその倒錯現象としての貨幣・資本の本質を明らかにし、その克服の方向と平穏な道の可能性を、人間の成立点の構造から捉え呈示したこと、人間の「自由・平等・独立」の普遍的な事実性を明らかにし、その近現代人において特に著しい倒錯理解を厳しく戒め、脚下に正立することを示し続けたこと、等々その他幾つもあるが、それらの一つに、最晩年に展開した、この⑸国家原論と⑹世界国家論がある。滝沢の国家論は、〈一（いち）人間存在の根底原理からの人間社会の全面把握〉として取り組まれているところがある。民主主義・自由主義・個人の尊厳・グローバル化時代に、国家形成・運営の貴重な原理と着眼点を呈示し、方向・視座を示唆してくれている所がある。歴史・現状分析に踏み込んだその詳細な展開が滝沢後の課題であろうと思う。各地で深め広げられていると思う。大学時代に「人間学に基づく国法学」の問題に直面した私は、「自由・国家・人間とは？」といった根本の問題に根底の存在構造から応えてくれる滝沢哲学に出会い、長年親しんで来た。最近、驚異的な思考の本として改めて登場して来ると同時に、ようやっと先生の本が比較的短時間に読めるようになって来た。いくつかの疑問や、時代から来る限界、努力の傾注点のずれ、東洋の東西の精神構造の微妙な違い、何より主体的活動面とそれへの言及不足、そういったものも感じられてくる。さらに考察して行ってみたい思いに駆られる。今回、記念誌が出される機会に、先生への感謝の気持ちを表したく、また、その着眼・考察を心ある人々に更に広く深く展開して行っていただきたく、少しでも紹介できたらと取り組んでみた。しかし、肝心な「国家原論」と「世界国家論」、全体の詳細は、大幅にカットせざるを得なかった。後日を期しつつも、才在る方々による確かな展開を期待したい。先生の晩年のご指向には、明らかにこの相対社会の有り様に切り込んで行こうとされておられるところがあった。日暮れて道遠しの感はあるが、先生に倣い、少しでも不明なところを明らかにしながら、自分の山を、見えて来る景色を楽しみながら、上り詰めて行ってみたいと思う。

あとがきに代えて

前田　保

あとがきに代えて本書成立の経緯を記しておきたい。

本書は滝沢克己協会の企画になるものである。協会は一九八九年、毎年の追悼会（滝沢の雅号から「等石忌」と名づけられている）を元に設立され、今年二〇一九年でちょうど三十年になる。自発的に集った会員により規約を定め、会長、幹事、理事を置いて運営されてきた。滝沢を誹謗中傷する目的を除き、入会に制限はない。規約はあるが、滝沢に関する公式見解を占有する意図はなく、会員の自由な解釈の交流の場となってきた。会費によって会誌『思想のひろば』（二六号で休刊中）や会報の発行、種々行事、著作資料の保存活動、および記念論集の発刊（後述）を手がけてきた。ホームページの運営も近年の活動である。

現在の会員は約百十名、当初の四分の一ほどになっている。会長指名による二十数名の理事を擁すが、理事の承認を得て六名が幹事となり、幹事の一部が実働部隊として事務局を形成している。現在の事務局は三名が仕事を分担して運営、したがって幹事会は事務局員三名を含んでいる。

さて、本書は協会事務局での決定が発端となった。二〇一六年のことである。企画の発案者は前田だが、すぐに事務局案となった。二〇一七年五月の会報（七三号）で会員に企画を発表、幹事会で編集出版態勢の確立に入った。まず編集委員会が立ち上げられ、本書の監修者を会長とし、編集委員は幹事が担うことにした。最初の編集会議で鳥飼慶陽が委員長（編集長）に選出された。事務局の前田は事務に専念するため編集委員を外れることにした。編集委員会ではタイトルと執筆要領を決定、執筆希望者を会の内外から募ることに決めた。論集のタイトルは三案から『今を生きる滝沢克己——生誕百十年記念』が選ばれた。牧村元太郎幹事の発案であった。会員には会報（七四号）で最初の募集が告げられた。また、編集会議の決定にしたがい、これまで滝沢に縁を結んだ非会員の方にも事務局が応募への呼びかけを行った。その数七十名ほど。中には呼びかけの郵便が返送され、そのまま連絡できなかった方がいたことを記しておく。

二〇一七年六月の募集期限までに応募されたのは二十四名、二〇一八年五月の締め切りに実際に原稿が届いたのが十七名。そのうち会員以外の方は五名であった。後に会員一人の取り下げがあって原稿数は現在の十六となった。

応募論文は編集委員会で査読、字数オーバーなどの訂正を要請するのと併行して目次を構成、グラビア写真、緒言、あとがきに代えてを加えて、現在の形となった。同時に編集長の意向で滝沢に縁のある新教出版社に出版を打診することになった。

こうして事務的な経過を振り返ってみると、十六名もの方が原稿を寄せて下さったことに感慨が湧く。そのことで本書が一本として成立したということ以上に、その数と質に滝沢が「今を生きている」あかしを目の当たりにするからである。掲載文の中には旧左翼や自由主義の立場からの滝沢への批判もあるが、編集会議は内容の検閲をされなかった。「思想のひろば」をなにより尊んだ滝沢に相応しいと思う。別件で届けて下さったお写真の使用を認めて下さったグンナー・プトラッツ氏（Gunnar Pudlatz）、そしてその写真掲載を許可して下さった瀧澤家ご長男の徹様、また出版を引き受けて下さった新教出版社に事務方から御礼申し上げておきたい。

最後に、本書発案者としての思いを記させていただけば、滝沢の記念論集はこれで四冊になった。本書は

一九八六年の『野の花、空の鳥』（創言社、品切れ）、

一九八六年の『滝沢克己　人と思想』（新教出版社、品切れ）、

二〇一〇年の『滝沢克己を語る』（春風社、以下『語る』と略）

に次ぐものである。このうち、生誕百年・没後二十五年を記念したのが『語る』であった。実際は百一年目・没後二十六年目の出版になったが、その発案も筆者だった。生誕とか没後というのはあくまで便宜的なものだが、今回の生誕百十年・没後三十五年記念出版を機に、今後これが定点観測の意義を持ちうるのではないかと期待している。滝沢という定点を十年ごとに、いや五年ごとでもいいが、観測する。その観測が社会的に成立するか否か、一本となって出版できるか否か、それが時代時代にどのような波紋を描くか、期待を込めて見守りたいと思っている。なお、柴田秀氏も二〇一八年出版の大著『イエスの革命と現代の危機』（南窓社）を滝沢生誕記念としている。自著

の出版に集中するため今回の企画には応募されなかったという。氏も会員であり、ここに添えておきたい。

末尾に事務サイドからの声を届けよと指示していただいた鳥飼慶陽編集長への感謝を記しておきたい。

二〇一八年七月八日

滝沢克己略年譜

以下『滝沢克己を語る』（春風社）所収の坂口博編「略年譜」を基に前田保が作成

一九〇九年（明42）　〇歳　三月八日、栃木県宇都宮市大町三四番地に出生。父・滝沢佐市（37）、母・操（28）の三男。父は漆器商を営む。

一九一五年（大4）　六歳　四月、宇都宮市立尋常小学校東校に入学。

一九二〇年（大9）　一一歳　小学校六年を五年で修了。県立宇都宮中学（現・宇都宮高校）入学。

一九二四年（大13）　一五歳　中学校五年を四年で修了。第一高等学校文科丙類入学。同年暮、盲腸炎化膿、危篤に陥り、翌六月まで病床に。将棋に親しむ。

一九二七年（昭2）　一八歳　卒業。初めて証書を受け取る。東京帝国大学法学部仏法科入学。一学期のみで十月に退学。

一九二八年（昭3）　一九歳　九州帝国大学法文学部哲学科に入学。西洋哲学専攻。指導教官は四宮兼之教授。胃病に悩む。

一九三一年（昭6）　二二歳　卒業論文（ヘルマン・コーヘンの哲学）提出、九州帝国大学卒業。無給の副手として研究室に入る。

一九三二年（昭7）　二三歳　四月より有給となる。八月、小笠原トシと結婚。福岡に住む。この前後から西田哲学に没頭。

一九三三年（昭8）　二四歳　八月『思想』に「一般概念と個物」掲載。同月西田幾多郎から激賞の手紙、また長男誕生。十月フンボルト給費生として渡独。直前に西田に面会。三四年四〜十一月までボン大学でバルトに師事。三五年四月よりマールブルク大学でブルトマンに師事。同年九月スイスのバルトを訪ねて帰国。十月八日神戸着。

一九三六年（昭11）　二七歳　五月より九州帝大法文学部哲学科研究室助手。福岡市に住む。九月『西田哲学の根本問題』出版。

一九三七年（昭12）　二八歳　三月末、山口高等商業学校赴任。修身・哲学概論担当講師。山口市に移住。翌三八年四月、同校教授。

一九四三年（昭18）　三四歳　山口高商から学徒出陣を送る。九州帝大法文学部嘱託講師として福岡通い始まる。母・操、宇都宮にて死去。

一九四五年（昭20）　三六歳　焼け野原の博多に通勤。西田死去。父・佐市、宇都宮にて死去。

一九四七年（昭22）　三八歳　九州帝大法文学部哲学科専任講師となり、単身赴任。翌四八年三月助教授。妻と子供五人で福岡名島に移住、終の住居となる。

一九五〇年（昭25）　四一歳　九州大学文学部教授。「倫理学」講座担当。

一九五八年（昭33）　四九歳　十二月二一日、日本キリスト教団社家町教会で夫人と共に受洗。

一九六五年（昭40）　五六歳　独からの招聘で渡独。ハイデッガーらと語る。バルトに再会。

一九六八年（昭43）　五九歳　九大構内に米軍機墜落。学園紛争。バルト、バーゼルにて死去。六九年山本義隆と往復書簡。断食や自主ゼミに取り組む。

一九七一年（昭46）　六二歳　九州大学文学部教授を退官（辞職）。著作集刊行開始。

一九七四年（昭49）　六五歳　退官後初（通算三度目）の渡独。以後、七七年、七九年と渡独。いずれも夫人とともに各一年ほど。各地で講演や講義。

一九八四年（昭59）　七五歳　六月二六日午前、福岡病院にて逝去。急性白血病。名誉神学博士号（ハイデルベルク大学）の授与式を七月に控えての急逝。

滝沢克己著作年譜

以下坂口博編『滝沢克己著作年譜』（創言社）を基に前田保が作成

一九三三年（昭8）　二四歳　「一般概念と個物」、『思想』八月号掲載。論壇デビュー。

一九三五年（昭10）　二六歳　*Über die Möglichkeit des Glaubens*, Evangelische Theologie (Heft.10)/Chr. Kaiser Verlag

一九三六年（昭11）　二七歳　『西田哲学の根本問題』（刀江書院、三八年に再版）。戦後他社から複数回刊行。

一九三七年（昭12）　二八歳　『現代日本の哲学』（三笠書房、四〇年に増補の上同社「現代学芸全書7」に『現代日本哲学』として再刊）

一九四一年（昭16）　三二歳　『カール・バルト研究』（刀江書院、三八年に再版）。戦後他社から複数回刊行。

一九四三年（昭18）　三四歳　『夏目漱石』（三笠書房）。戦後他社から複数回刊行。

滝沢克己著作年譜　｜　前田　保

一九四八年（昭23）　三九歳　『哲学と神学との間　上巻』（乾元社、下巻は出ず）

一九五〇年（昭25）　四一歳　『デカルト「省察録」研究　上巻』（乾元社、下巻は出ず）、『仏教とキリスト教』（法蔵館、同社から再三刊、また七九年に同社から『続仏教とキリスト教』刊行）

一九五二年（昭27）　四三歳　『現代哲学の課題』（乾元社）

一九五六年（昭31）　四七歳　『職業の倫理』（洋々社）

一九六一年（昭36）　五二歳　『スポーツの哲学』（内田老鶴圃社）

一九六五年（昭40）　五六歳　『聖書のイエスと現代の思惟』（新教出版社）

一九六七年（昭42）　五八歳　『芥川龍之介の思想』、翌年『夏目漱石の思想』（共に新教出版社）

一九六九年（昭44）　六十歳　『「現代」への哲学的思惟』（三一書房）、『現代の事としての宗教』（法蔵館）、『自由の原点・インマヌエル』（新教出版社）

一九七〇年（昭45）　六一歳　『人間の「原点」とは何か』（三一書房）

一九七一年（昭46）　六二歳　『滝沢克己著作集』全十巻刊行開始。七五年完成。第一回配本の第二巻のみ創言社刊、以後全巻法蔵館刊。

一九七三年（昭48）　六四歳　『日本人の精神構造』（講談社）。八二年、三一書房から再編集版。
一九七六年（昭51）　六七歳　『宗教を問う』（三一書房）
一九八一年（昭56）　七二歳　『聖書のイエスと現代の人間』『バルトとマルクス』（三一書房）
一九八四年（昭59）　七五歳　『現代における人間の問題』（三一書房）（生前最後の著作）

＊没後刊行の主な著作
【創言社刊】『神のことば人の言葉』（一九八五）、『純粋神人学叙説』（一九八八）、『滝沢克己講演集』（一九九〇）、『現代の医療と宗教』（一九九一）、『朝のことば　学ぶこと・考えること』（一九九二）、『滝沢克己　聖書を読む　マタイ福音書講解』全八巻（一九九三〜二〇〇三）、『中学生の孫への手紙』（二〇〇一）、『現代哲学の課題　新訂増補版』（二〇〇四）、『講座日本人の精神構造』上下（二〇〇八）
【三一書房刊】『聖書入門　マタイ福音書講義』全五巻（一九八六〜八八）
【中川書店】『滝沢克己・最晩年に語ったこと――人は何を支えにして生きるか――』（二〇一七）、『滝沢克己・朝のことば』（二〇一八）

執筆者一覧

水田　信（みずた　まこと）一九三九年生　元福岡歯科大学教授（哲学・医療倫理学）
『キェルケゴールと現代の実存　比較思想と対話の精神』（創言社）、*Kierkegaard and Japanese Thought*, Palgrave Macmillan, 2008.（共著）

白井雅人（しらい　まさと）一九七九年生　東洋大学井上円了研究センター客員研究員
『近代化と伝統の間：明治期の人間観と世界観』（共著、教育評論社）

稲垣久和（いながき　ひさかず）一九四七年生　東京基督教大学教授

内藤　酬（ないとう　しゅう）一九五一年生　予備校講師
『核時代の思想史的研究』（北樹出版）、『全共闘運動の思想的総括』（北樹出版）

鈴木一典（すずき　かずのり）一九五七年生　法政大学大学院共生社会研究所特任研究員、社会福祉法人共済会事務長、ボア・すみれ福祉会理事
『介護サービスの基準』（共著、ミクスジャパン）

前川　博（まえかわ　ひろし）一九三七年生　東京成徳短期大学、江戸川女子短期大学元講師
『東洋神秘主義としての老荘思想の〈道〉――タオとは根源的にどういう存在か、そして西洋人はどう把握しているか――』（『鎌田正博士八十寿記念漢文学論集』共著、大修館書店）、

「インマヌエルの光を求めて――〈滝沢思想〉をめぐる私的な思想状況――」(「思想のひろば」誌第一～九号)

小林孝吉(こばやし　たかよし)一九五三年生　文芸評論家・神奈川大学常務理事
『滝沢克己　存在の宇宙』(創言社)『内村鑑三―私は一基督者である』(御茶の水書房)

金　珍熙(きむ　じんひ)一九七五年生　日本キリスト教団能勢口教会主任担任教師
『滝沢克己神学研究：日本的な神学形成の一断面(韓国語)』(モシヌンサラムドル社)、『宗教改革五〇〇年以後の神学(韓国語)』(共著、モシヌンサラムドル社)

堀内隆治(ほりうち　たかはる)一九四三年生　下関市立大学名誉教授
『福祉国家の危機と地域福祉』(ミネルヴァ書房)

森松睦雄(もりまつ　むつお)一九四五年生　元大学図書館職員、元九州産業大学非常勤講師

芝田豊彦(しばた　とよひこ)一九五二年生　関西大学文学部教授
『ドイツにおける神秘的・敬虔的思想の諸相』(関西大学出版部)、ハイデッガー全集第13巻『思惟の経験から』(共訳、創文社)

吉岡剛彦(よしおか　たけひこ)一九七二年生　佐賀大学教授
『圏外に立つ法／理論』『境界線上の法／主体』(いずれも共編著、ナカニシヤ出版)

丹波博紀(たんば　ひろき)一九七九年生　関東学院大学ほか非常勤講師
「石牟礼道子　もうひとつのこの世はどこにあるのか」「谷川雁の差別『原論』　水俣病差

別の後景と無の造型」

最首　悟（さいしゅ　さとる）一九三六年生　和光大学名誉教授
『星子が居る』（世織書房）、『「痞」という病いからの』（どうぶつ社）

佐川愛子（さがわ　あいこ）一九四八年生　女子栄養大学教授
『愛するものたちへ、別れのとき』（作品社）、『地震以前の私たち、地震以後の私たち　それぞれの記憶よ、語れ』（作品社）

植村光一（うえむら　こういち）一九四七年生　元私塾経営、滝沢哲学研究者、農者
『今を生きる――制約と自由〈存在の構造〉』（創言社）、『そこから・そこへ――滝沢哲学研究Ⅰ（基本的制約）』（原色派）、『滝沢哲学における「健康と病」』（鹿児島哲学会）

前田　保（まえだ　たもつ）一九四九年生　和光大学非常勤講師
『滝沢克己』（創言社）、『西田幾多郎と滝沢克己』（七月堂）

今を生きる滝沢克己
—生誕110周年記念論集—

2019年3月1日　第1版第1刷発行

編　者……滝沢克己協会

発行者……小林　望
発行所……株式会社新教出版社
〒162-0814東京都新宿区新小川町9-1
電話（代表）03 (3260) 6148
振替00180-1-9991
印刷・製本……モリモト印刷株式会社

ISBN 978-4-400-31085-3 C1016